CUANDO DIOS LO PIDE TODO

EDUARDO DÍAZ COVARRUBIAS

CUANDO DIOS LO PIDE TODO

EDICIONES RIALP
MADRID

© 2025 *by* Eduardo Díaz Covarrubias
© 2025 *by* EDICIONES RIALP, S.A.,
Manuel Uribe 13-15 - 28033 Madrid
(www.rialp.com)

ISBN (edición impresa): 978-84-321-7047-8
ISBN (edición digital): 978-84-321-7048-5
ISBN (edición bajo demanda): 978-84-321-7049-2
ISNI: 0000 0001 0725 313X
Depósito legal: M-7163-2025

Impreso en España   *Printed in Spain*
Anzos, S.L. - Fuenlabrada (Madrid)

*A todos aquellos que me enseñaron
con el testimonio de su vida,
que la entrega total a Dios
es la única y mejor forma de
alcanzar la plenitud y la felicidad.*

El Reino de los Cielos se parece a un tesoro escondido en un campo; un hombre lo encuentra, lo vuelve a esconder, y lleno de alegría, vende todo lo que tiene y compra aquel campo

(Mt 13, 44).

ÍNDICE

INTRODUCCIÓN 13

EL MISTERIO DEL GOZO DE LA ENTREGA 23

LA RESPUESTA A LA VOCACIÓN 29
    La vocación es la invitación a algo grandioso 31
    La experiencia de Paul Lambert 33
    Se necesita sentido e impulso para volar 39
    La conquista de la verdadera libertad 45
    Dos personajes evangélicos antitéticos 48
    La felicidad está en aceptar la llamada
    de Cristo 53
    Una conquista de amor 55

EL OLVIDO DE SÍ MISMO EN EL SERVICIO A LOS DEMÁS 59
    El privilegio de servir 61
    Con corazón de carne 63
    Darse, ¡es mejor que dar! 67
    Pan partido y repartido 70
    El ofertorio de la misa, la más bella oración
    para ofrecerse 73

EL AMOR A LA POBREZA 79
    Dejar hacer a Dios 81
    Amar la pobreza es buscar activamente
    el desprendimiento 83

Los planes de Dios son mejores
que los nuestros 89
Somos administradores de los dones de Dios 94
Ser panes en las manos de Dios 99

LA ENTREGA TOTAL EN EL CULTO 101
Jesús no es un redentor solitario 103
Todos los cristianos somos sacerdotes 107
Cristo partió la humanidad en dos 111
Hostias vivas 117
Completar lo que falta a la Pasión de Cristo 124

EL DESPRENDIMIENTO DE LOS SERES QUERIDOS 131
Las lecciones de Nazaret 133
Cuando los hijos se van 137
La alegría de encontrar a Jesús después
de perderlo 140
La muerte sobrecoge, pero tiene sentido 141
Orar por los difuntos 149
Cuando la muerte clava su aguijón 153
La muerte nos interpela 156
Entregarnos como hijos 159
Relación de hijos maduros 162
Jesús estará siempre vivo 166

EPÍLOGO 169

ORACIONES PARA OFRECERSE A DIOS 173

BIBLIOGRAFÍA 177

AGRADECIMIENTOS 183

INTRODUCCIÓN

ENTIENDO SI EL TÍTULO de este libro ha llamado la atención de quien está pasando por un momento difícil en su vida, por una situación de *despojo*, de pérdida o de miedo ante una llamada radical de entrega a Dios. De primera mano comprendo los sentimientos que afloran en esas circunstancias, conozco la angustia generada por la búsqueda de respuestas cuando el corazón las indaga desesperadamente, y el sinsabor del alma cuando esas respuestas no llegan, o cuando buscándolas no se encuentran, y nadie es capaz de ayudarnos a descifrarlas; ¿por qué yo?, ¿por qué a mí?... En la búsqueda ansiosa de respuestas, a veces sucede lo contrario: surgen nuevas preguntas, y el enigma se va haciendo cada vez más inescrutable, incluso insoportable.

Las reflexiones de esta obra están engarzadas con valiosas citas, y se inspiran en tantas vidas de hombres y mujeres de fe que han compartido sus experiencias al vislumbrar los tesoros escondidos tras algunos acontecimientos dolorosos.

Deseo aportar un poco de luz, con el Evangelio de Jesucristo en la mano, para contribuir al discernimiento de una realidad esencial en la vida del cristiano: detrás de una petición totalizante de parte de Dios, se encierra una promesa de plenitud, una oportunidad de oro, el ofrecimiento de una riqueza incalculable e imposible de encontrar en otras circunstancias.

Si después de discernir lo que me sucede, me doy cuenta de que se trata de un requerimiento a darlo todo y confiar plenamente en Dios, la opción mejor es la de dar el paso adelante, de responder con ese *sí* total, pues eso espera Él de quienes ama. Si el alma se queda quieta cuando experimenta la llamada de Dios, es posible que todo quede en un vértigo estéril, o en una experiencia pasajera sin fruto, sin consecuencias positivas.

Cuando Jesús obró sus grandes milagros, a personas concretas y en situaciones extremas, movió a cada uno a la acción: «¡Ánimo!... levántate y anda…, ¡sígueme!…, ve y anuncia...». A nosotros también nos pide tomar resoluciones, optar por la generosidad y la valentía para asumir esa llamada sin recelo, sin sospechas contra el dueño de nuestras vidas, de nuestro destino.

Si la obra que Dios quiere realizar en nosotros es excelente, «uno puede imaginarse a un cuadro sensible después de que ha sido borrado, raspado y recomenzado por décima vez, deseando ser solo un pequeño bosquejo que se termina en un minuto. De igual forma, es natural que nosotros deseemos que Dios hubiese proyectado para nosotros un destino menos glorioso y menos arduo; pero, en tal caso, no estaríamos deseando más amor, sino menos»[1].

«*Alegraos y regocijaos* (Mt 5,12), dice Jesús a los perseguidos o humillados por su causa. El Señor lo pide todo, y lo que ofrece es la verdadera vida, la felicidad para la cual fuimos creados. Él nos quiere santos y no espera que nos conformemos con una existencia mediocre, licuada»[2].

Muchos de nosotros hemos aprendido desde niños a hacer pequeños ofrecimientos a Dios, y esos pequeños desprendimientos nos han llevado a manifestar así de modo cada vez más pleno y verdadero, la disposición de entregarnos del todo, para que el Señor sea de verdad el dueño de nuestras vidas, de nuestros corazones. Si siguiéramos ofreciendo a Nuestro Señor sufrir

---

[1] C. S. Lewis, *El problema del dolor*, cap. III, Rialp 1994.
[2] Papa Francisco, Exhortación Apostólica *Gaudete et exultate*, n. 1.

tal o cual cosa determinada, nuestra oblación valdría tanto como la cosa ofrecida, pero cuando digo: "me ofrezco para lo que Tú quieras…", como el objeto de mi ofrecimiento es amplísimo, entonces no sé qué pensará nuestro Señor hacer conmigo; será lo que Él vea conveniente para mí; en la amplitud de mi ofrecimiento me obligo a todas las cosas que quiera pedirme.

Algunas veces no nos damos cuenta exacta de la trascendencia de esos ofrecimientos: "Señor, me ofrezco a Ti", decimos rezando, pero en el fondo del corazón, no lo tomamos en serio. "Esto le va a agradar a Dios", pensamos, pero al fin y al cabo no me tomará la palabra y me quedaré con el mérito de habérselo ofrecido…

Sin embargo, no es así, Dios se toma en serio nuestro ofrecimiento. Desde luego, por parte nuestra, ya es un compromiso; si nos acepta o no, ya Él verá; pero por nuestra parte estamos comprometidos. Se trata de un ofrecimiento que Dios tiene verdaderamente en cuenta.

A Ángela de Foligno le decía Nuestro Señor: «Mi amor por ti no es un juego, no es una farsa». Y así la santa comprendió el realismo y seriedad del amor de Jesús. Así también debería ser el nuestro: si nos ofrecemos a Dios y nos ponemos a su disposición, Jesús suele tomarse muy en serio lo que le decimos. Ante las grandes pruebas y los grandes sacrificios, nuestro Padre Dios ya considera de algún modo nuestra anuencia; de alguna forma nos pide nuestra aceptación. A veces lo hace expresamente, otras veces nos inspira para decirle algo en donde esté incluido nuestro consentimiento.

Por eso, no pensemos que nuestros ofrecimientos son palabras que se lleva el viento; sencillamente por medio de ellas le quitamos a Dios un obstáculo para tomarnos la palabra. Ese ofrecimiento tiene resultados prácticos; con él, hace con nosotros lo que quiere, y todo lo que quiere para nosotros es lo mejor. Ese ofrecimiento total y consciente es algo muy grande y meritorio, enriquece nuestra vida y nos llena de gozos espirituales.

Empezamos desde pequeños quizá, ofreciendo a Jesús o a la Virgen María algo que nos pasaba, algún dolor o enfermedad o el desprendimiento de algún capricho. Después, se ofrece de modo más activo algunas de nuestras obras, un rato de estudio, una obra de caridad con el prójimo, el vencimiento de una tentación… y llega un momento, al ritmo de esas pequeñas entregas, en el cual llegamos a ofrecernos a nosotros mismos; ya no tanto aquello que me acontece, ni siquiera lo que poseo, sino *lo que soy*. Así madura la vida cristiana, cuando la propia vida se hace ofrenda a Dios.

Llega un momento en el cual el Espíritu Santo nos hace comprender con más profundidad lo que significa ser discípulo de Cristo. «¿En qué consiste? ¿Qué quiere decir en concreto «seguir a Cristo»? Al inicio, con los primeros discípulos, el sentido era muy sencillo e inmediato: significaba que estas personas habían decidido dejar su profesión, sus negocios, toda su vida, para ir con Jesús. Significaba emprender una nueva profesión: la de discípulo. El contenido fundamental de esta profesión era ir con el maestro, dejarse guiar totalmente por él. Así, el seguimiento era algo exterior y, al mismo tiempo, muy interior. El aspecto exterior era caminar detrás de Jesús en sus peregrinaciones por Palestina; el interior era la nueva orientación de la existencia, que ya no tenía sus puntos de referencia en los negocios, en el oficio que daba con qué vivir, en la voluntad personal, sino que se abandonaba totalmente a la voluntad de Otro. Estar a su disposición había llegado a ser ya una razón de vida. Eso implicaba renunciar a lo que era propio, desprenderse de sí mismo»[3].

Esto significa algo importante para los discípulos del Cristo del siglo XXI. ¿Qué significa

_____

[3] Benedicto XVI, Homilía Domingo de Ramos, 1 de abril de 2007.

para nosotros el seguimiento? ¿Cuál es su esencia? No se trata de algo distinto. También en nosotros implica un cambio interior de la existencia. Me exige no estar ya encerrado en mi yo, considerando mi autorrealización como la razón principal de mi vida. Requiere que me entregue libremente a "Otro", a Dios mismo, mi Padre. Por fin, puedo seguir de cerca a Dios, ese ser inaccesible para muchos, si creo y vivo en Jesucristo, quien me precede y me indica el camino. Quiere decir un cambio de paradigma, pues descubrimos que no se trata de meter a Dios en nuestros planes, sino de introducirnos nosotros completamente en los suyos.

Seguir a Cristo significa tomar una decisión: que los beneficios y el lucro, la carrera y el éxito no sean el fin último de mi vida, «sino reconocer como criterios auténticos la verdad y el amor. Se trata de abandonar la opción de vivir solo para mí mismo y elegir libremente aquella de entregarme por lo más grande. Y tengamos muy presente que verdad y amor no son valores abstractos; en Jesucristo se han convertido en persona. Siguiéndolo a él, entro al servicio de la verdad y del amor. Perdiéndome, me encuentro»[4].

---

[4] Ibid.

Quien quiere amor en su vida, quien busca el verdadero amor, ha de estar dispuesto a desprenderse del propio yo para vivir de un modo natural en una relación de entrega. «Cualquiera puede constatar que todo amor auténticamente humano comporta una participación en el otro: cuando amo me hago uno con la otra persona y le digo: "Tú estás en mí". El amor es mucho más que una relación entre dos seres totalmente independientes. En el amor auténtico descubrimos que nuestra vida se transforma y abandona su aislamiento para unirse a la vida del amado. Nos descubrimos en dependencia radical del otro: una dependencia buena, creativa, enriquecedora para nuestra vida, que potencia lo mejor de nosotros y nos ayuda a superar aquello que nos avergüenza. Descubrimos, incluso, que no somos su fuente, sino que nos ha sido donado gratuitamente, incluso inmerecidamente. Sí, el mayor descubrimiento que puede realizar toda persona es un amor auténtico, pues le posibilita descubrir a su vez a Dios Padre, el origen de todo y el fundamento de nuestras vidas, que su Hijo Jesús ha venido a revelar»[5].

---

[5] Cardenal Gerhard Ludwig Müller, *Informe sobre la esperanza. Diálogo* [con Carlos Granados], BAC popular, Madrid, 2016, p. 32.

Con esta breve obra me dirijo a los cristianos, porque nuestra fe y nuestra vocación nos proporciona la gracia y las luces necesarias para entender esos momentos de dolor o de miedo, aunque estoy seguro de que también a los no cristianos puede iluminarles, para entender la fe que sostiene a los seguidores de Jesucristo. Podría ser causa de un acercamiento a la figura entrañable y sapientísima de Jesús de Nazaret, quien sigue acogiendo a los hombres con misericordia y deseando que todos se adhieran a su persona y a su doctrina salvadora.

En estas líneas se encuentran muchas citas y reflexiones, pero no quise que resultara un tratado teórico. Puedo asegurar que este libro está impregnado de experiencias, de encuentros personales, de conversaciones largas e intensas, de testimonios. En definitiva, de mucha vida. Doy gracias a Dios por haberme encontrado con tantas personas que me han enseñado esa apertura a la Voluntad de Dios. Tantos que han aceptado con valentía, con espíritu de conquista, la oportunidad que Él nos ofrece de una entrega total, del aparente despojo, del completo desprendimiento, ante un evento de gracia que parece partir la vida en dos...

Cuando Dios lo pide todo.

EL MISTERIO DEL GOZO
DE LA ENTREGA

ME PARECIÓ QUE EL MEJOR marco para presentar estas reflexiones es siguiendo lo que nos enseñan los misterios gozosos del Santo Rosario, devoción que a lo largo de los siglos se ha ido incorporando a la espiritualidad cristiana con mucha fuerza y tantos frutos.

En estos misterios podemos contemplar el gozo, la alegría y, al mismo tiempo, una lección de abandono en las manos de Dios. Son precisamente los misterios del gozo *en* la entrega, el apasionante regocijo que puede experimentar el alma, pasando por la prueba y el dolor. Estos misterios, «aun conservando el sabor de la alegría, anticipan indicios del drama (…); meditar los misterios "gozosos" significa adentrarse en los motivos últimos de la alegría cristiana y en su sentido más profundo»[1].

---

[1] San Juan Pablo II, Carta Apostólica *Rosarium Virginis Mariae*, n. 20.

Hace no mucho tiempo llegaron a mis manos unas bellas reflexiones que, según me explicaban, provenían de los escritos de san Rafael Arnáiz, un joven santo de nuestro tiempo que estoy seguro hará mucho bien en la medida que su figura sea más conocida en la Iglesia: *Nuestra vida ha de ser en la Cruz, en el sacrificio como la de Cristo, pero no creamos que es una vida triste y amargada; nada da más gozo, aun en esta vida, que la Cruz. Tengo que acostumbrarme a los gozos espirituales que están muchas veces en la renuncia de los materiales. No miremos la Cruz sola. Miremos a Cristo en ella, y detrás, el gozo de amarle, de sufrir por Él, de ganarle almas, y de ganar mucha gloria. Por una satisfacción terrena vencida, (por) un gusto, un capricho, (una) comodidad, etcétera, ganamos grados de gloria eternos. Mira a Cristo resucitado. Todo acabó. Ahora solo queda el gozo eterno.*

En la meditación de los misterios gozosos del rosario vamos aprendiendo esa ciencia de la Cruz, la de recorrer una vida llena de retos y dificultades, como la de Cristo, con el gozo de saber que todo sufrimiento es una oportunidad para vivir una vida que llene de sentido nuestra existencia.

En el primer misterio, contemplamos el inicio de la obra más grandiosa de Dios: su Encarnación en el seno virginal de María. Ha requerido la libre respuesta de la Virgen, y nos enseña que, para realizar cualquier obra suya, Dios requiere del consentimiento de los hombres. Es una respuesta que encontraremos en la vocación de los primeros discípulos, y que refleja una actitud constante en la predicación de Jesús y en la vida de la Iglesia: la llamada de Cristo es gratuita, hay que responder a ella con agradecimiento, generosidad y prontitud, como aquellos que, sacando las barcas a tierra, dejadas todas las cosas, le siguieron[2].

En el segundo misterio, la Visitación de la Virgen, comenzamos a escuchar la voz de Cristo, capaz de *hablar* desde el seno de su Madre. María se siente alegremente impulsada a servir a su prima santa Isabel. A través del servicio, de la entrega a los demás, aún en los momentos de cansancio, Jesús nos habla del gozo que vino a traer a la tierra. Apenas Isabel escucha la voz de María, llena del Espíritu Santo, siente saltar de alegría a Juan Bautista en su vientre. Es como si Jesús nos dijera: «Yo también tengo un corazón humano, y las reglas para el amor humano son las que encienden mi corazón y alegran la existencia de los hombres. Todos los bautizados forman conmigo un Cuerpo, mi Cuerpo Místico. Pero, quienes se me entregan del todo, forman mi Corazón».

En el tercer misterio gozoso nos adentraremos en toda una lección de amor y paz en medio

---

[2] Cfr. Lc 5,27-32 y Mc 1, 18.

de la pobreza, del desapego de los bienes de la tierra. Contemplar el nacimiento del Hijo de Dios en Belén nos habla de un desprendimiento que no empobrece, de una pobreza que otorga señorío y libertad. El reino de los cielos es como el tesoro escondido, la perla de gran valor. Quien la encuentra, lleno de alegría, va y vende todo cuanto posee para adquirir aquel campo y, con él, aquella piedra preciosa. Lleno de gozo, no de miedo, vende todo porque se da cuenta del negocio enorme, de la ganancia inigualable que puede alcanzar, y está seguro de que vale la pena. Vende todo, no una parte de su patrimonio: la perla vale todo, ese tesoro encontrado ¡lo vale todo! Solo después se adquiere aquel campo; solo después de despojarse con alegría de TODO, viene la posesión. En cristiano, ese *todo* es el Amor de Dios que se nos ofrece en Cristo. Lo único por lo que vale la pena dejarlo todo es el encuentro con Cristo. ¡Hemos encontrado al Mesías! decía Andrés a Pedro. ¡Hemos encontrado el amor!

Nosotros también estamos llamados a esa experiencia. Debemos alimentar el deseo de encontrar el verdadero tesoro y estar dispuestos a dejarlo todo, para poseerlo todo.

En el cuarto misterio gozoso contemplamos la Presentación de Jesús en el Templo, ese primer ofrecimiento de Jesús al Padre a través de las manos de las criaturas; meditaremos qué significa participar plenamente del Sacerdocio de Cristo, que no es la disposición de sacrificarse de vez en cuando, probando *intermitentemente* el cáliz de Jesús; es beberlo sin cesar, dispuestos a dárselo todo al Señor, con un gran deseo de amar en el corazón.

Los santos han llegado a querer, como su Maestro, no vivir para otra cosa. Solo han buscado ofrecerse, y han encontrado en la Eucaristía el lugar para hacerlo. Cuando el cristiano entiende el sentido de la santa misa, y la vive de verdad, consigue identificarse plenamente con Jesucristo. Es ahí, en el sacrificio del altar, donde puede concretarse para cada uno de nosotros esa ofrenda agradable al Padre, que es el acto más grande de amor:

«Gracias al sacerdocio, recibido en el bautismo, tenemos el poder de ofrecer al Padre el sacrificio de Cristo y de ofrecernos nosotros mismos en unión con Él, la víctima inmaculada. Por eso la Iglesia nos anima a ofrecernos nosotros mismos en la misa. Podemos así dar un valor nuevo a nuestra vida, a nuestra oración, a nuestro trabajo y a todas nuestras actividades, uniéndolo todo a la ofrenda de Jesucristo»[3].

---

[3] Didier Van Havre, *Amar la Misa*, Rialp, Madrid, 2013, p. 125.

Por último, el quinto misterio gozoso —el Niño perdido y hallado en el Templo— nos llevará a considerar el valor del desprendimiento de los seres queridos cuando debemos prescindir de su compañía; tarde o temprano la muerte se hace presente, los padres ven partir a sus hijos, que toman las riendas de sus vidas; las personas con quienes hemos compartido momentos bellos de amistad, de fraternidad, se van o se nos adelantan en el camino de la vida. Uno experimenta que Dios lo pide todo, porque se nos arrebata el tesoro más precioso. La muerte tal vez aparezca con todo su dramatismo, pero también lo hará con su enorme carga de bendiciones, de plenitud de fe, esperanza y caridad.

En fin, de la mano de María, contemplaremos esos misterios con la esperanza de que sean luz para nuestras inteligencias y fuerza para nuestros corazones. A Ella le pedimos su intercesión, para que nos haga capaces de ofrecernos a Dios con el gozo de saber que la entrega que nos pide será la ocasión de colaborar en la misión más grande jamás soñada por hombre o mujer alguna: la misión misma de Jesucristo, el Hijo de Dios.

LA RESPUESTA A LA VOCACIÓN

En el sexto mes fue enviado el ángel Gabriel de parte de Dios a una ciudad de Galilea llamada Nazaret, a una virgen desposada con un varón que se llamaba José, de la casa de David. La Virgen se llamaba María. Y entró donde ella estaba y le dijo: «Dios te salve, llena de gracia, el Señor es contigo».

Ella se turbó al oír estas palabras, y consideraba qué podía significar este saludo. Y el ángel le dijo: «No temas, María, porque has hallado gracia delante de Dios: concebirás en tu seno y darás a luz un hijo, y le pondrás por nombre Jesús. Será grande y será llamado Hijo del Altísimo; el Señor Dios le dará el trono de David, su padre, reinará eternamente sobre la casa de Jacob y su Reino no tendrá fin». María le dijo al ángel: «¿De qué modo se hará esto, pues no conozco varón?».

Respondió el ángel y le dijo: «El Espíritu Santo descenderá sobre ti, y el poder del Altísimo te cubrirá con su sombre; por eso, el que nacerá Santo será llamado Hijo de Dios. Y ahí tienes a Isabel, tu pariente, que en su ancianidad ha concebido también un hijo, y la llamaban estéril está ya en el sexto mes, porque para Dios no hay nada imposible».

*Dijo entonces María: «He aquí la esclava del
Señor, hágase en mí según tu palabra».
Y el ángel se retiró de su presencia* (Lc 1, 26-38).

La Anunciación a María y la Encarnación del
Verbo en su seno virginal es el misterio más entrañable de las relaciones entre Dios y los hombres, y
el acontecimiento de mayor transcendencia en la
historia de la humanidad. Es el misterio de Dios
hecho verdadero hombre, que asume nuestra naturaleza, para salvarnos de la triple esclavitud (del
demonio, del pecado y de la muerte) a la que estaba sometida el género humano desde el pecado de
nuestros primeros padres.

Con gran sencillez el evangelista san Lucas
narra la Encarnación de la segunda Persona de
la Trinidad en el vientre de una sencilla mujer
de Palestina. Solo la Virgen de Nazaret se per-
cató de este increíble suceso, porque precisamente en Ella se produjo el prodigio mientras
que, sobre la faz de la tierra, aparentemente,
nada extraordinario sucedía. Sin embargo,
aquel día cambió la historia. El Hijo eterno de
Dios se hizo carne, asumió la débil naturaleza
humana y habitó entre nosotros.

LA VOCACIÓN ES LA INVITACIÓN
A ALGO GRANDIOSO

Este gran evento de la Encarnación del Hijo de Dios fue posible por el *hágase* —¡*fiat*!— pronunciado por María después de recibir el anuncio del Ángel, quien le revela claramente su vocación. Una respuesta que el Cielo entero esperaba con ansia:

«Has oído, Virgen, que concebirás y darás a luz un hijo. Has oído que no será por obra de varón, sino por obra del Espíritu Santo. (...) En tus manos está el precio de nuestra salvación; si consientes, de inmediato seremos liberados. Apresúrate a dar tu consentimiento, Virgen, responde sin demora al ángel, mejor dicho, al Señor, que te ha hablado por medio del ángel. Abre, Virgen santa, tu corazón a la fe, tus labios al consentimiento, tu seno al Creador. (...) Levántate por la fe, corre por el amor, abre por el consentimiento. *He aquí la esclava del Señor* —dice la Virgen—, *hágase en mí según tu palabra*»[1].

Lo que Dios pide en ese momento a esa adolescente de Nazaret es ponerse completamente en sus manos, en las manos de quien la conoce de modo perfecto y la ama infinitamente. Le promete plenitud y que la *llamarán*

---

[1] San Bernardo, Homilía sobre las excelencias de la Virgen María.

bienaventurada todas las generaciones[2], porque por su asentimiento a los planes de Dios se derramarán infinidad de gracias y bendiciones sobre la humanidad entera. La vida de María se encuentra ante una decisión radical, como nunca antes lo había experimentado: decir "sí" y dejar que Dios despliegue su proyecto a través de su humilde condición, o negarse a acoger ese don y seguir su vida con las esperanzas que hasta entonces se había forjado.

Sorprende la respuesta decidida y abierta de María. Después de sobreponerse al estupor y de preguntar lo que no entiende, se lanza sin reservas con un *sí* lleno de fe, de gozo, de ilusión. Nunca había sido pronunciada una palabra tan breve y tan poderosa como ese *sí* de la Virgen María.

A lo largo de la historia, hay quienes han entendido de una manera particular por qué somos capaces de la entrega total ante una invitación de nuestro Padre Dios, y por qué vale tanto la pena:

«Si los ojos del alma estuvieran abiertos de manera que la razón pudiera contemplar la Verdad, creedme, el propietario de tales ojos podría renunciar a todas las cosas tan fácilmente como a una lenteja. Más aún, y lo testifico sobre mi alma,

---

[2] Lc 1, 48.

¡para ese hombre el mundo entero no sería nada! Es verdad que algunas personas hacen sacrificios por amor y tienen en gran precio todo lo sacrificado. Pero para el hombre que conoce realmente la Verdad, no tiene ningún valor renunciar al mundo entero, ¡inclusive a sí mismo!»[3].

Cuando el hombre o la mujer viven en la verdad, y no temen estar siempre en presencia de Dios, cuando no se dejan engañar por las promesas de felicidad de los falsos profetas y ponen su ambición en servir a los demás para que su vida no sea estéril, experimentan un sentimiento muy particular: que se han embarcado en una aventura impresionante y que el mundo entero les pertenece.

La experiencia de Paul Lambert

Esta experiencia de posesión universal es difícil de explicar, aunque algunos han conseguido hacerlo de modo privilegiado, como Dominique Lapierre, en su novela *La ciudad de la alegría*. Es la historia de un joven médico estadounidense, agobiado por el ritmo autoimpuesto de trabajo y por un desmedido afán de éxito; su decepción

---

[3] Maestro Ekhart, La Juventud eterna del alma, en https://es.scribd.com/doc/6441198/Eckhart-La-Juventud-Eterna-Del-Alma

se había visto acentuada por ciertos fracasos profesionales de entidad, y en medio de todas sus perplejidades decide emigrar a la India para encontrarse consigo mismo y recuperar la verdadera perspectiva de su vida. La novela narra las vivencias de varios personajes en un *slum* (barrio de chabolas) de Calcuta. Entre otros personajes, aparece la figura de un sacerdote católico francés, Paul Lambert, que cautiva al joven médico por su entrega a los más necesitados. Pues bien, el autor pone en boca de ese sacerdote una reflexión especialmente lúcida. A pesar de su generosa entrega a su misión, el buen clérigo sufre frecuentes tentaciones, en gran parte debidas a las dificultades de vivir el celibato en aquel ambiente. Cuando reflexiona sobre su vocación y sobre lo que está experimentando, parece abrir su alma para permitir al lector captar el sentido que tiene para él la entrega total de su corazón:

«Cuando era niño —cuenta Paul Lambert—, me gustaba pasear por el campo y me divertía decapitar las flores a golpes de bastoncillo. Más tarde, cuando entré en el colegio, me gustaba coger una flor y ponerla sobre mi mesa. Luego me dije que las flores eran hermosas allí donde crecían. Entonces dejé de cortarlas y las admiré en su marco natural. Lo mismo ocurrió con las mujeres. Un día dije al Señor que prefería no coger ninguna para dejar que todas florecieran allí donde vivían. San Juan de la Cruz escribió: "El Cielo es mío. Jesús es mío. María es mía. Todo es mío". Cuando queremos conservar algo concreto todo lo demás se nos va de las manos, y en cambio, por el desprendimiento, podemos gozar de todo sin poseer nada en particular. Esta es la clave del celibato voluntario, de otro modo la castidad carecería de sentido. Es una elección de amor. Por el contrario, casarse significa dar el cuerpo y el alma a un solo ser. Por lo que respecta al cuerpo, al amor carnal, no es difícil. Pero dar el alma a un solo ser me resultaba imposible. Yo había decidido darla a Dios, y no existía nadie en el mundo con quien pudiese compartir ese don, ni siquiera con mi madre, a la que adoraba. "Aquel que renuncia por mí a una mujer, a hijos, a un campo, se le devolverá centuplicado", dijo Cristo. Tenía razón. Yo no tuve hermanas, y ahora en la Ciudad de la Alegría encontraba miríadas que me proporcionaban grandes alegrías, empezando por esta comunión, esta solidaridad tan esencial en un barrio de chabolas donde tanto se necesitan unos a otros.

»¿Pero ¿cómo no soñar a veces en un ambiente tan áspero, con una cierta ternura humana? En medio de tanta miseria, ¿cómo no abandonarse a desear esas mujeres, verdaderas antorchas de gracia y seducción bajo sus saris multicolores?

En medio de tanta fealdad, eran la belleza, eran las flores. Mi problema consistía en permanecer lúcido. Si había decidido no aceptar un afecto duradero, con todas las implicaciones que ello hubiese significado, tampoco debía aceptar afectos pasajeros, puesto que había respondido de una vez por todas a la llamada del Señor del Evangelio, y hecho mío su mandato de no tener "más casa que aquella a la que yo te envíe".

»Mi situación no era fácil. Sobre todo, porque mi reputación de Papá Noel atraía a menudo hacia mí a las mujeres del *slum*. Una alusión, una mano puesta sobre la mía, una manera coqueta de ceñirse el sari, una mirada turbadora, a veces me permitían adivinar intenciones equívocas. Tal vez me engañaba, porque en la India las relaciones entre hombres y mujeres a menudo están impregnadas de una cierta ambigüedad. Como la mayoría de las indias a las que las revoluciones feministas aún no habían afectado, las mujeres de la Ciudad de la Alegría solo disponían de los medios de la seducción para atraer la atención masculina y afirmar su existencia.

»Yo hubiera podido suponer que mi condición manifiesta de religioso iba a protegerme de esas situaciones. Error. Observé que era siempre en períodos de aflojamiento cuando la tentación me asaltaba con más fuerza, y no en un tiempo de intensas pruebas. Era siempre en una fase de empobrecimiento de mis relaciones con Dios cuando me sentía más vulnerable. Si uno no encuentra su alegría en Dios la busca en otro lugar.

»Este riesgo lo percibía de un modo muy particular en mis relaciones con Teresa, la joven viuda que me trajo el pan de mi primera misa en el *slum*. Además, de su mirada, de su sonrisa, de su voz y de sus actitudes emanaba tal capacidad de amor, tal abandono de sí misma, que aquella flor parecía ofrecérseme perpetuamente. Sin duda me equivocaba, y atribuía al ambiente aquella especie de espejismo. Una noche, al término de una de esas jornadas que la caída del barómetro había hecho especialmente agotadora, uno de esos días en que la camisa se te pega al cuerpo como una mortaja, en que el cuerpo y el espíritu se vacían de toda energía, yo intentaba rezar ante la imagen del Santo Sudario. Trémula en la humedad del aire, la llamita hacía bailar el rostro de Cristo y mi sombra como un ballet de fantasmas. Tenía la impresión de errar en una nave a la deriva. Me esforcé en concentrar mi corazón y mi alma en el Señor, pero fue en vano. Me sentía atrozmente abandonado. Entonces sentí su presencia. No la había oído entrar. Este hecho no era en absoluto sorprendente porque se desplazaba con la agilidad de un felino. Era su olor lo que la había delatado, un ligero perfume de pachulí. Fingí no haber advertido nada. Yo rezaba en voz alta. Pero pronto las palabras no fueron más que sonidos. Aquella presencia, aquella respiración tranquila en la oscuridad, la idea de aquella mujer a la que no veía, pero a la que estaba oliendo, eran como embrujos insidiosos. Era algo a la vez maravilloso y atroz. Entonces el Señor me abandonó completamente. Desde el otro lado del tabique llegó una queja, luego un estertor, por fin unos gemidos ininterrumpidos. La agonía de mi hermanito musulmán Sabia acababa de recomenzar.

»Aquellos gritos de sufrimiento nos proyectaron fatalmente el uno hacia el otro. Como náufragos que se aferran al mismo salvavidas, éramos dos seres en peligro que querían proclamar, en medio de la muerte, su irresistible deseo de vivir. Sentía que me invadía una deliciosa euforia, cuando dos golpes en la puerta me arrancaron de la tentación. El Señor llegaba en mi socorro. "¡Gran Hermano Paul! —gritaba la madre del pequeño tuberculoso—. ¡Ven en seguida, Sabia te llama!"»[4].

---

[4] Dominique Lapierre, *La ciudad de la alegría*, cap. 19, Editorial Planeta, Barcelona, 2010 (1985)

La entrega de este sacerdote había sido una *elección de amor*, y el Señor le concedió experimentar en qué consiste amar de verdad, con una entrega incondicional hacia aquellos enfermos y pobres que encontraban en su dedicación el único reflejo del amor de Dios en la tierra. Almas sobre las que volcaba su amor. A pesar de las tentaciones sufridas, esa capacidad suya de dar amor no había menguado: al contrario, se había potenciado eficazmente a niveles inimaginados.

El celibato apostólico engrandece el corazón. Es un don precioso, y solamente cuando se contempla como un deber, o como algo que se le da a Dios, es cuando brota la tentación de la claudicación. La persona que se siente llamada a vivir el celibato y quiere ser fiel sabe que no ha hecho un regalo a Dios, sino que lo ha recibido. Es el tesoro escondido en la tierra por el cual una persona es capaz de venderlo todo[5].

SE NECESITA SENTIDO E IMPULSO PARA VOLAR

La vida de los santos es mucho más apasionante que cualquier relato épico, pues su entrega total

---

[5] Cfr. Anna M. Noworol, OV, *Celibat – Największy Skarb Kościoła* (El celibato: El bellísimo tesoro de la Iglesia), Editorial Petrus, Cracovia, 2020.

a la vocación recibida de Dios ha sido el cauce más fecundo y pleno para dar y recibir amor: «El Señor sabe que dar es propio de enamorados, y Él mismo nos señala lo que desea de nosotros. No le importan las riquezas, ni los frutos ni los animales de la tierra, del mar o del aire, porque todo eso es suyo; quiere algo íntimo, que hemos de entregarle con libertad: "Dame, hijo mío, tu corazón" (Prov. XXIII, 26). ¿Veis? No se satisface compartiendo: lo quiere todo. No anda buscando cosas nuestras, repito: nos quiere a nosotros mismos»[6].

Cuando Dios llama, cuando lo pide todo, no está mendigando nada. Nosotros, pobres seres humanos débiles y limitados, no podemos añadir una pizca a la gloria en la cual habita por siempre. Nuestra ofrenda no le añade nada y nuestra vida entera caería en su ser como una gota en un océano. Sin embargo, el misterio se encuentra en que el mismo Dios, el creador del universo y de cuanto existe, ha decidido enriquecer al hombre haciéndose pobre y humilde[7]. Parecería que el único modo de bendecirnos es

---

[6] San Josemaría Escrivá, *Es Cristo que pasa*, n. 35.
[7] Cfr. 2 Cor 8, 9: «Porque conocéis la gracia de nuestro Señor Jesucristo, que, siendo rico se hizo pobre por vosotros, para que vosotros seáis ricos por su pobreza».

ofreciéndonos su amor, y esperando el nuestro a cambio.

«Dios quiere nuestro amor y no estará satisfecho con ninguna otra cosa. Nuestras obras no tienen valor fundamental para Dios, porque Él puede hacer lo mismo que nosotros con un solo pensamiento, o con una gran facilidad puede crear otros seres que hagan lo mismo que nosotros hacemos. Pero el amor de nuestros corazones es algo único que ningún otro puede darle. Él podría hacer otros corazones que le amasen, pero una vez que nos ha creado a nosotros y nos ha dado libertad, el amor de nuestro corazón particular es algo que solo nosotros podemos darle»[8].

La ofrenda de la vida entera, respondiendo a la propia vocación, es el acto de libertad más grande que puede realizar el ser humano. Mientras tengamos la libertad como *resguardada* por miedo a perderla, y pensemos conservarla de este modo, en realidad nos ataremos a muchas otras esclavitudes y llegará un momento en que no sabremos siquiera qué hacer con esa libertad. Tan bien guardada, tan celosamente protegida, pero cada día más anquilosada. El corazón se

---

[8] Eugene Boylan, *El amor supremo*, Editorial Rialp, Colección Patmos, Madrid, 6.ª edición, p. 121.

rebelaría, porque no encontraría el sentido de esas ansias de grandeza que anidan en él.

La sola idea de la entrega total nos puede asustar, es lógico, pero, ¿necesitaremos más argumentos para entregarnos a Dios? A veces hemos dicho que sí queremos, pero que nos falta ver más claro, que nos falta luz, y esa es una buena excusa para no dar el paso y quedarnos donde estamos. Más que argumentos, necesitamos entender el *sentido* que tiene la entrega para un cristiano. La falta de sentido es lo que ha paralizado a las almas. Necesitamos recuperar el *sentido* de nuestra vocación cristiana, y de tantas otras cosas.

Vivimos momentos en los cuales, por ejemplo, la legislación educativa de muchos países afronta la educación como mera información. Particularmente es evidente en el modo como se imparte la educación sexual, dejada en manos de "expertos", es decir, de profesores de ciencias de la naturaleza, que explican cómo funciona la sexualidad desde el punto de vista biológico y sanitario, con el objetivo práctico de evitar problemas de higiene, y embarazos no deseados. Se evita así la pregunta sobre el sentido, y de ahí el fracaso educativo. En cambio, si algo quieren los jóvenes es, precisamente, descubrir el sentido de la sexualidad, su relación con el amor, su apertura al futuro. «Hoy se quiere educar desde un punto de vista de los procedimientos, enseñar las técnicas que llevan a descubrir las cosas por uno mismo. Pero los jóvenes piden algo más: piden el testimonio de la grandeza de la vida y las razones de por qué es grande; piden que se les indique dónde está la verdad y cómo alcanzarla. No afrontar estas cuestiones en la labor educativa es como abandonar al educando en una barca en alta mar, dejándolo que afronte solo una navegación del todo incierta, sin rumbo ni habilidades reales para afrontarla, aunque esté muy instruido en las técnicas del remo»[9].

Es ahí donde resulta tan determinante el encuentro personal con Cristo, que proporciona sobre todo *sentido* a la existencia entera. Necesitamos con urgencia entender el significado y la finalidad que tiene la vida, la sexualidad, el amor, el tiempo, la muerte...

Pero, es verdad, aun conociendo el sentido de todo ello, sabiendo hacia dónde es justo dirigir la nave de nuestra existencia, necesitaremos la fuerza, el impulso de la libertad para entregarnos a los grandes ideales con entusiasmo. Ese impulso no es cuestión de valentía humana, de

---

[9] Card. Gerhard Ludwig Müller, *Informe sobre la esperanza*. cit. p. 191.

fuerzas conseguidas después de extenuantes entrenamientos. El impulso para poder volar nos lo da Dios mismo, como un padre que toma en sus manos al hijo y lo eleva a las alturas en un juego lleno de emoción y de sentido para ambos. Dios, nuestro padre, quiere vernos volar, y sus dones para hacerlo son las tres virtudes teologales: la fe, esperanza y caridad. Él nos las da, y a nosotros nos toca ejercitarlas.

Todos podemos percibir en el fondo del corazón un deseo de plenitud, como de elevarnos para sacar nuestras vidas de lo rastrero, de lo cómodo, de lo mediocre. Son deseos nobles que el Señor ha puesto en nuestro corazón y, junto a él, también nos ofrece la capacidad de realizarlo. Con el riesgo de ser un tanto simplista, me gusta pensar en estas cosas con un ejemplo que puede resultar mecanicista, pero que puede ayudarnos: imaginar una aeronave que para volar necesita una hélice; esta tiene solamente dos aspas y un eje. Las aspas se llaman Fe y Amor. El eje es la Esperanza. La esperanza, sostiene y hace girar la hélice, porque el eje se encuentra sostenido por una pieza cuyo papel es fundamental: aunque no se ve, queda oculta en el otro lado del mecanismo. Hay algo que desde la vida eterna nos sostiene, y esa es la esperanza. El anhelo de volar que posee nuestro corazón existe, porque existe como un don para mí. Dios ha colocado ese reclamo y lo ha vinculado a la vida eterna, para que en esta vida me sostenga e impulse mi alma. Por eso tiende hacia allá mi corazón. En cuanto la fe y la caridad se *mueven*, en cuanto las ponemos en práctica sostenidas por la esperanza, la nave inicia su singladura y entonces podemos volar.

La conquista de la verdadera libertad

Es conocida la anécdota de san Juan Pablo II durante una visita a una parroquia romana; un joven se le acercó lleno de entusiasmo y le contó que había sido durante años presa de las drogas, pero gracias al encuentro con Dios y a la ayuda y afecto recibido en aquella comunidad cristiana, sintió que nacía de nuevo; aquel muchacho, viéndose ya lejos de una esclavitud tan degradante, exclamó: «Santo Padre, ¡por fin soy libre!». El Papa lo miró con amor y le preguntó: «¿Te has comprometido ya en algo?». Esta pregunta dejaría pensativo a aquel joven, y refleja la idea de libertad que siempre había cultivado y defendido el pontífice. El compromiso que se deriva de la libertad, la apuesta por un ideal grande, la decisión de invertir la vida entera en un proyecto que requiere la totalidad de nuestra actividad y de nuestro ser, es la forma más plena de gozar la felicidad. Es decir, solamente puede ser feliz quien se siente libre, y solo puede ser libre quien sabe comprometerse.

Se entiende que san Juan Pablo II haya trabajado mucho y predicado tanto el texto de uno de los documentos más importantes del Concilio Vaticano II, la Constitución Apostólica *Gaudium et Spes*. En ella queda plasmada la *ley del don de sí* que, desde joven, Karol Wojtyla se empeñó en desentrañar, reconociendo en ella la estructura dramática fundamental de la condición humana: «El hombre solo puede descubrir plenamente su propio ser a través de una sincera entrega de sí mismo»[10].

Oigamos cómo lo dice una de las almas más grandes que ha visto el siglo xx: «Por qué nos debemos dar totalmente a Dios? Porque Dios se ha dado a Sí mismo a nosotros. Si Dios, que no nos debe nada, está dispuesto a darnos nada menos que a Sí mismo, ¿responderemos solo con una fracción de nosotros mismos? Darnos totalmente a Dios es un medio para recibir a Dios mismo. Yo para Dios y Dios para mí. Yo vivo para Dios y renuncio a mi propio yo y de este modo induzco a Dios a vivir para mí. Por

---

[10] Const. Ap. *Gaudium et Spes*, n. 22.

lo tanto, para poseer a Dios debemos dejar que Él posea nuestra alma»[11].

La escena del primer misterio de gozo del santo Rosario que estamos meditando es una escuela para todo cristiano. La respuesta de la Virgen María quedará siempre como modelo de libertad, pues nunca ha habido un acto libre que haya traído más frutos sobre la tierra. La plenitud de vida y felicidad que experimenta quien se entrega totalmente a Dios es la promesa infalible que se cumple continuamente en la historia.

«Hoy la humanidad necesita hombres y mujeres, y en especial jóvenes como vosotros, que no quieran vivir sus vidas "a medias", jóvenes dispuestos a entregar sus vidas para servir generosamente a los hermanos más pobres y débiles, a semejanza de Cristo, que se entregó completamente por nuestra salvación. Ante el mal, el sufrimiento, el pecado, la única respuesta posible para el discípulo de Jesús es el don de sí mismo, incluso de la vida, a imitación de Cristo»[12].

---

[11] Santa Teresa de Calcuta, en *Ven se mi luz*, Editorial Planeta, Barcelona, 2008, n. 47.

[12] Papa Francisco, palabras en el *Via Crucis* de la Jornada Mundial de la Juventud en Cracovia, 29 de julio de 2017.

Dos personajes evangélicos antitéticos

En el Evangelio hay dos figuras que ilustran perfectamente los planes de Dios con nosotros: La viuda del templo (Lc 21, 1-4) y el joven rico (Mc 10, 17-30). Son dos personajes cuyas actitudes han servido de inspiración a generaciones para entender mejor la realidad y el dinamismo de la vocación cristiana a la santidad.

En cierta ocasión, estaba Jesús en el Templo de Jerusalén y vio cómo algunos ricos depositaban sus limosnas en las cajas de las ofrendas. También vio a una viuda que echó dos moneditas de muy poco valor. Entonces Jesús llama la atención de sus discípulos para que sean testigos de la belleza de aquella mujer: «Os aseguro que esta viuda pobre dio más que todos los ricos. Porque todos ellos dieron de lo que les sobraba; pero ella, que es tan pobre, dio todo lo que tenía para vivir»[13].

El Señor Jesús no se quedaba en lo exterior, en lo que sus ojos humanos le hacían contemplar. Su mirada divina puede penetrar los corazones y valorar a cada persona por la belleza de su alma, por la pureza de sus intenciones. Esa es la verdadera belleza del mundo, y aunque «el

---

[13] Lc 21, 4.

mundo moderno envilece y afea las realidades más sagradas, no obstante, jamás podrá arrancar del todo de nuestras almas la belleza interior que Dios ha depositado en ellas. Allí donde florece la santidad se difunde algo de la belleza de Dios»[14].

La entrega de aquella viuda, esas dos moneditas, era *todo lo que tenía*. Con esta expresión Jesucristo declara a sus discípulos con entusiasmo que aquella mujer se estaba dando a ella misma, estaba poniendo toda su vida en manos de Dios. El corazón de Cristo se llena de entusiasmo ante tanta belleza; exulta de gozo cuando encuentra un alma capaz de darse del todo. Aquella mujer, insignificante a los ojos de los hombres, fue sujeto de un amor muy grande por parte de Dios. Por eso habrá gozado de una paz extraordinaria durante su vida pobre, y de una gloria especial entre los santos.

En otra ocasión, cuando Jesús ya estaba en camino, alguien corrió, se arrodilló delante de Él y le dijo: «Maestro bueno: ¿qué debo hacer para ganar la vida eterna?» Jesús respondió: «Ya conoces los mandamientos: no mates, no cometas adulterio, no robes, no digas cosas falsas de tu hermano, no seas injusto, honra a tu padre

---

[14] Robert Sarah con Nicolas Diat, *Se hace tarde y anochece*, Editorial Palabra, Madrid, 2018, cap. 6.

y a tu madre». Él le contestó: «Maestro, todo esto lo he cumplido desde mi juventud». Jesús lo miró con amor, y le dijo: «Una sola cosa te falta: Anda, vende cuanto tienes, dáselo a los pobres, y tendrás un tesoro en el cielo; ven después y sígueme». Pero al oír estas palabras se fue triste; aquel joven tenía muchos bienes[15].

Podemos intuir el ánimo desbordante de ese muchacho, atraído por el talante humano de Jesús. El amor que Cristo ofrece se le presenta como una promesa irresistible, y se siente arrastrado hacia Él. La bondad del Maestro es su rasgo distintivo. Por esta razón se puede uno abandonar a Él sin reservas, le puede entregar su vida con toda confianza. Así, el entusiasmo favorece el surgimiento de una vocación.

¿Qué debo hacer para ganar la vida eterna? El fin que se propone este joven es muy alto: comprendió que no debía vivir sencillamente por el placer o por las glorias terrenales, tan pasajeras, sino por la verdadera vida, la que dura siempre, la vida eterna. Se muestra dispuesto a todo para alcanzar este fin. Se podría decir que está listo para aceptar todo lo que Cristo le va a requerir. Por su pregunta, se ve que pone en manos del Maestro la orientación de todo su porvenir.

---

[15] Mc 10, 17-22.

Cuando el joven declara haber cumplido los mandamientos, Cristo quiere señalarle un camino más alto. Pero antes de hablarle le dirige una mirada de amor, tan profunda, que llamó la atención de los testigos de esta escena: «Jesús fijó su mirada sobre él y lo amó».

A continuación, vendrá la respuesta del Señor: una invitación a entregarse del todo. Buena lección para nosotros, porque «si de veras deseamos seguir de cerca al Señor y prestar un servicio auténtico a Dios y a la humanidad entera, hemos de estar seriamente desprendidos de nosotros mismos: de los dones de la inteligencia, de la salud, de la honra, de las ambiciones nobles, de los triunfos, de los éxitos. Me refiero también —porque hasta ahí debe llegar tu decisión— a esas ilusiones limpias, con las que buscamos exclusivamente dar toda la gloria a Dios y alabarle, ajustando nuestra voluntad a esta norma clara y precisa: Señor, quiero esto o aquello solo si a Ti te agrada, porque si no, a mí, ¿para qué me interesa? Asestamos así un golpe mortal al egoísmo y a la vanidad, que serpean en todas las conciencias; de paso que alcanzamos la verdadera paz en nuestras almas, con un desasimiento que acaba en la posesión de Dios, cada vez más íntima y más intensa»[16].

---

[16] San Josemaría Escrivá, *Amigos de Dios*, n. 114.

Una sola cosa te hace falta, le dice Cristo. Esta sola cosa tiene una importancia capital, ha llegado al umbral de la plenitud, está a punto de recibir la llave para abrir la vida verdadera: *Vende todo cuanto tienes*. Cristo le pide la renuncia total. No quiere aprovechar su entusiasmo pasajero para atraerlo a su lado. Al contrario, desea que lejos de seguirlo por un impulso emotivo, reflexione y pese el valor de la nueva vida que le ofrece.

La exigencia de la respuesta de Cristo golpea fuertemente el alma del joven. «No se trata aquí solamente de escuchar una enseñanza y de cumplir un mandamiento, sino de algo mucho más radical: adherirse a la persona misma de Jesús, compartir su vida y su destino, participar de su obediencia libre y amorosa a la voluntad del Padre»[17].

Al oír estas palabras, se marchó triste. Aquel muchacho tan entusiasta hace apenas un minuto, no puede ocultar su decepción: esa respuesta no se la esperaba. Él se consideraba bueno, pero para ser feliz y salvarse no es suficiente hacer cosas buenas, sino seguir a Cristo, dejándolo todo. Solamente quien se decide a hacer todo por Él y para Él experimenta el gozo y la belleza de la vida.

---

[17] San Juan Pablo II, Encíclica *Veritatis splendor*, n. 19.

LA FELICIDAD ESTÁ EN ACEPTAR LA LLAMADA DE CRISTO

«Queridos jóvenes, la felicidad que buscáis, la felicidad que tenéis derecho de saborear, tiene un nombre, un rostro: el de Jesús de Nazaret. Solo Él da plenitud de vida a la humanidad. Decid, con María, vuestro «sí» al Dios que quiere entregarse a vosotros. Os repito hoy lo que dije al principio de mi pontificado: «Quien deja entrar a Cristo [en la propia vida] no pierde nada, nada, absolutamente nada de lo que hace la vida libre, bella y grande. ¡No! solo con esta amistad se abren de par en par las puertas de la vida. Solo con esta amistad se abren realmente las grandes potencialidades de la condición humana. Solo con esta amistad experimentamos lo que es bello y lo que nos libera.

»Estad plenamente convencidos: Cristo no quita nada de lo que hay de hermoso y grande en vosotros, sino que lleva todo a la perfección para la gloria de Dios, la felicidad de los hombres y la salvación del mundo»[18].

Son muy impresionantes estas palabras del papa Benedicto XVI, pronunciadas con fuerza

---

[18] Benedicto XVI, Discurso del 18 de agosto 2005 con motivo de la XX Jornada Mundial de la Juventud en Colonia, Alemania.

y convicción ante miles de jóvenes. Y es que, es verdad, cuando Dios lo pide todo, es porque quiere darnos todo. No pierdas la oportunidad si sientes a Dios llamando a tu puerta. No dejes pasar la ocasión de dar un sí definitivo que llenará de sentido y de color el resto de tus días. La aventura en la que se embarca quien responde afirmativamente a los planes de Dios, es la más apasionante que ningún hombre o mujer pueda emprender. «Cuando el Señor piensa en cada uno, en lo que desearía regalarle, piensa en él como su amigo personal. Y si tiene planeado regalarle una gracia, un carisma que te hará vivir tu vida a pleno y transformarte en una persona útil para los demás, en alguien que deje una huella en la historia, será seguramente algo que te alegrará en lo más íntimo y te entusiasmará más que ninguna otra cosa en este mundo. No porque lo que te vaya a dar sea un carisma extraordinario o raro, sino porque será justo a tu medida, a la medida de tu vida entera»[19].

Aunque el temor de dar un salto de fe está presente hasta el momento mismo de tomar la decisión de la entrega, hay en el fondo del alma una luz de esperanza, una alegría incoada, que

---

[19] Papa Francisco, Exhortación postsinodal *Christus vivit*, a los jóvenes, n. 288.

nos hace percibir la grandeza de aquello a lo que Dios nos está invitando. Descubrimos con una luz particular que no se trata de despojarnos y empobrecernos, sino de una ganancia segura y definitiva. Quizá por eso mismo, como no estamos acostumbrados a recibir propuestas tan magnánimas, gratuitas y generosas, el corazón queda un poco desconcertado, paralizado. Ya lo dejó por escrito san Josemaría Escrivá, muy consciente de ese proceso de la vocación en su alma y en la de muchos jóvenes en sus primeros años de trabajo pastoral como director espiritual:

«Sientes más alegría. Pero esta vez se trata de una alegría nerviosa, un poco impaciente, acompañada de la sensación clara de que en ti algo se desgarra en sacrificio.

»Escúchame bien: aquí en la tierra, no hay felicidad completa. Por eso, ahora, inmediatamente, sin palabras y sin victimismos, ofrécete en oblación a Dios, con un entregamiento total y absoluto»[20].

UNA CONQUISTA DE AMOR

Para que la entrega de nuestro corazón produzca sus frutos de vida, debe sobrepasar las

---

[20] San Josemaría Escrivá, *Surco*, n. 71.

intenciones, los deseos, la buena voluntad de cumplirse algún día: se debe convertir en realidad; solamente cuando esa entrega es real, la vida se vuelve bella, la libertad se conquista y se experimenta la felicidad más grande que podamos gozar.

La entrega no se hace realidad solamente el día que nos rendimos ante el amor de Dios y nos decidimos a dárselo todo, sino a lo largo de la vida: porque, si no se actualiza continuamente, corremos el riesgo de retirar nuestra ofrenda hasta recuperarla del todo. El niño que regala a su padre un pastel y luego le pide que le comparta una mitad, y luego otra y otra, termina trocito a trocito por recuperar el don y por apropiarse de nuevo de aquello que generosamente había entregado. Así puede pasar con el corazón. Se entrega una vez, pero luego, si el amor no se mantiene siempre joven, empiezan los reclamos, el ansia de recuperar lo que hemos entregado, el descontento de haber sido generosos, como si no hubiera valido la pena. Se llega entonces a la triste situación de un alma que un día dijo que sí a Dios, pero ha perdido la alegría de la entrega.

Ofrecerse a Dios no es aprehenderlo, no se trata de conquistarlo nosotros a Él, es dejarse amar, dejarse poseer por ese mismo amor con el que nos ama y que está dentro de nosotros. Por eso, una persona entregada a Dios manifiesta una riqueza interior enorme, se vuelve peculiarmente atractiva, sale de ella lo mejor, genera la confianza de los corazones limpios y sinceros, como aquella pobre viuda que atrajo la mirada de Cristo y de los discípulos. ¿Quién no recuerda la belleza de santa Teresa de Calcuta? ¿Qué hacía tan atractiva a esa mujer anciana, encorvada, de piel marchita?

De eso se trata, de dejarse conquistar por Dios. Los enamorados se dicen eso cuando se declaran su amor: *me conquistaste...* ¿Qué quieren decir?, que en esa relación hubo una propuesta y una rendición. Cuando en la historia de los pueblos vemos las conquistas como propuestas despóticas, empobrecedoras, a esas intenciones colonizadoras se ha respondido con rebelión, con resistencia y, en los casos que se ha llevado a cabo aún en esas circunstancias, ha sido con violencia y terror; en cambio, cuando se trata una propuesta sincera y enriquecedora, se lleva a cabo una conquista de amor. El otro se rinde. No puede dejar de aceptar el ofrecimiento, que se presenta como el más grande cauce para canalizar el deseo de amar y ser amado. Esa es la realidad expresada con pasión por el profeta Jeremías: «Me sedujiste,

Señor, ¡y yo me dejé seducir! Fuiste más fuerte que yo, y me venciste»[21].

De esta manera, dejándonos conquistar por la propuesta de Dios, haremos un acto enorme de fe, y entenderemos que el hecho de ser cristianos implica un gran amor de parte de Dios, y que solamente puede ser correspondido dándonos del todo a Él: «La fe y la vocación de cristianos afectan a toda nuestra existencia, y no solo a una parte. Las relaciones con Dios son necesariamente relaciones de entrega, y asumen un sentido de totalidad»[22].

Nuestra Madre Santa María se dejó conquistar por el amor de Dios, dijo que sí y la llamaremos bienaventurada todas las generaciones. La respuesta fiel a la vocación hará desplegarse en nuestras almas las capacidades más grandes de servicio, alegría y amor que posee nuestro corazón.

---

[21] Jer 20, 7.
[22] San Josemaría Escrivá, *Es Cristo que pasa*, n. 46.

EL OLVIDO DE SÍ MISMO
EN EL SERVICIO A LOS DEMÁS

Por aquellos días, María se levantó y marchó deprisa a la montaña, a una ciudad de Judá; y entró en casa de Zacarías y saludó a Isabel. Y cuando oyó Isabel el saludo de María, el niño saltó en su seno, e Isabel quedó llena del Espíritu Santo; y exclamando en voz alta, dijo: «Bendita tú entre las mujeres y bendito es el fruto de tu vientre. ¿De dónde a mí tanto bien, que venga la madre de mi Señor a visitarme? Pues en cuanto llegó tu saludo a mis oídos, el niño saltó de gozo en mi seno; y bienaventurada tú, que has creído, porque se cumplirán las cosas que te han dicho de parte del Señor».

María exclamó: «Proclama mi alma las grandezas del Señor, y se alegra mi espíritu en Dios mi Salvador: porque ha puesto los ojos en la humildad de su esclava; por eso desde ahora me llamarán bienaventurada todas las generaciones. Porque ha hecho en mí cosas grandes el Todopoderoso, cuyo nombre es Santo; su misericordia se derrama de generación en generación sobre los que le temen. Manifestó el poder de su brazo, dispersó a los soberbios de corazón. Derribó de su trono a los poderosos y ensalzó a los humildes. Colmó de bienes a los hambrientos y a los ricos los despidió vacíos. Protegió a Israel su siervo, recordando su misericordia, como había prometido a nuestros padres, Abrahán y su descendencia para siempre».

María permaneció con ella unos tres meses, y se volvió a su casa (Lc 1, 39-56).

La Virgen María, al conocer por la revelación del arcángel san Gabriel que su prima santa Isabel ha concebido un hijo en su ancianidad y ya está en el sexto mes de embarazo, se hace cargo de las circunstancias y, movida por la caridad, se apresura a ayudarla.

Una vez más nuestra Señora nos da un ejemplo maravilloso de caridad, de espíritu de servicio, de olvido de sí. La Virgen no repara en las dificultades ni en las incomodidades del viaje. *Marchó deprisa a la montaña, a una ciudad de Judá* donde se hallaba Isabel. El viaje emprendido desde Nazaret, probablemente acompañada por su esposo san José, era de tres o cuatro días a lomo de mula. No era, pues, un trayecto corto, pero lo hizo pensando en su prima necesitada, no en ella misma.

El privilegio de servir

Cada uno de nosotros en el transcurso de la vida nos encontramos en circunstancias similares, de tener que ayudar a alguna persona necesitada, a un compañero o compañera del trabajo, a un vecino o una persona cualquiera que se ha cruzado providencialmente en nuestro camino. Dios también nos puede pedir una dedicación más plena para ocuparnos de un enfermo del cuerpo o del alma en nuestra propia familia. ¡Cuánto dolor se experimenta cuando la enfermedad llega al seno de la familia y parece trastocar todos los planes y proyectos personales!

En la gran mayoría de las familias hay personas enfermas que necesitan de la atención de los demás, y en casi todas son algunos pocos quienes de verdad se consagran a ese servicio. En mi vida sacerdotal he tenido la ocasión de encontrar a muchas personas generosas que han dedicado años de su vida a cuidar al padre o a la madre, al hermano o hermana, al hijo o a la hija, y lo han hecho conscientes de haber recibido una gracia especial de parte de Dios. Se han sentido privilegiados por tener la oportunidad de demostrar así su amor.

En esas personas, se hace presente el sacrificio vivido libremente, porque es el amor verdadero el móvil de su conducta. Allí radica la verdadera libertad: cuando nos entregamos generosamente en las relaciones interpersonales. Aparentemente, la entrega puede parecer una falta de libertad, un aprisionamiento, pero quien vive inmerso en esa corriente de amor en medio del dolor, experimenta una de las paradojas del cristianismo: somos más libres cuanto más nos entregamos al amor.

También podemos encontrar personas dedicadas al cuidado de los demás, que ven con recelo la pasividad de los otros miembros de la familia; y aunque gastan su vida y energías en el servicio de sus seres queridos, lo hacen con espíritu crítico y no consiguen librarse de las comparaciones o de pequeños rencores.

Nuestra Señora nos enseña a acudir con libertad ahí donde su caridad imagina una necesidad que ella puede aliviar. Es una actitud proactiva, de total olvido de sí, un impulso que la hace *volar* hacia las montañas de Judea, sin reparar en lo costoso de ese largo viaje, y de esos meses lejos de su propio hogar.

¿Estaremos también nosotros dispuestos a una entrega así? ¿O seguiremos pensando que somos serviciales, cuando nos quedamos esperando a que nos pidan ayuda? A la Virgen María nadie se lo pidió; le bastó conocer por las palabras del Ángel que su prima estaba encinta, para suponer que necesitaba ayuda, y que ella podía prestarle ese apoyo. Esto es servir sin interés, con la agilidad propia del alma delicada, que sabe amar con obras.

Con corazón de carne

El cansancio de la Virgen debió ser una experiencia particular durante esos meses en casa de Isabel. Después de todo ella también estaba encinta. Pero el amor que se estaba haciendo carne en su seno, se manifestaba así, en la entrega de su ser, para servir. Ese es precisamente el misterio de la Encarnación, del Dios hecho *carne*[23]. El Verbo es la palabra que define a Dios, y «Dios es amor»[24]. Por tanto, quien habita en el seno de María es la Palabra de Amor que se hace carne. Así es el verdadero amor. No es algo meramente espiritual, etéreo, hecho solo de palabras y de buenos deseos. Un amor manifestado solo con palabras, por muy bonitas y poéticas que fueran, es un amor teórico. Cuántas veces entre enamorados se pueden escuchar palabras con las cuales se quieren expresar su cariño: "yo por ti lo dejaría todo", "eres la razón de mi vida", "quiero hacerlo todo para hacerte feliz"…

---

[23] Cfr. Jn 1, 14.
[24] 1 Jn 4, 8.

Pero para sentir de verdad el amor, para demostrar a los demás y demostrarme a mí mismo que ese amor es real, tengo que encarnarlo, concretarlo, poderlo tocar. Y para eso necesitamos un cuerpo. Miremos a Jesús para descubrir qué es el Amor. Ahora parece que al hablar de amor se confunde con el enamoramiento, con ese primer impulso sentimental de empatía: con esta persona me siento bien, me siento a gusto... Y cuando aparecen las dificultades, se le atribuye al amor un carácter de sentimiento pasajero: primero empobrecido, después debilitado, y por último extinguido. Sin embargo, el amor verdadero no es aquel que mantiene viva eternamente la llama de la pasión, sino aquel que ha superado en el tiempo la prueba en la dificultad, en las obras, en la fidelidad.

San Juan Pablo II desarrolló una catequesis muy intensa (en más de 120 audiencias durante los primeros cinco años de su pontificado), conocida como la *teología del cuerpo*. En ella el santo Papa explica que el cuerpo humano está como diseñado para expresar el espíritu. Somos una unidad formada de cuerpo material y alma espiritual. El cuerpo se nos ha dado para expresar con él nuestro ser espiritual. En efecto, una lágrima es más que una secreción ocular: expresa una realidad espiritual. Un apretón de manos, con lo que tiene de físico, expresa el afecto, el gusto de encontrarnos con una persona, y así, el cuerpo materializa mi sentimiento. Sin cuerpo no puede haber amor humano. En el cuerpo brilla el amor, se concreta el cariño, se encarna lo que siento. En el cuerpo se realiza la entrega. Y no solo se trata del sentimiento agradable al amar y ser amado, sino también de aquello costoso y hasta doloroso, ese surco que deja en el propio cuerpo el amor, el desgaste que produce en mi carne.

Es importante decir a un ser querido que le amo, pero lo que importa de verdad es el cansancio físico que siento cuando le estoy ayudando en su trabajo, cuando lo escucho, cuando le atiendo. Si no tuviera un cuerpo, todo eso no lo sentiría, no podría "sufrir" ni amar por él.

Cuerpo entregado, sangre derramada. Ese es el modo que Cristo eligió para expresar el amor que tiene por cada uno de nosotros, y el amor de la Virgen se manifiesta también ahí: en el cansancio y en el olvido de sí. Unos años después la veremos siguiendo al Señor en el camino de la Cruz, acompañándolo para infundirle fortaleza, mostrándose siempre serena, sabiendo sufrir y, por tanto, sabiendo amar.

Ojalá aprendamos a amar como la Virgen: perder el miedo a la Cruz, a lo costoso. Amar a la familia es llegar cansado a casa y sonreír, y ponerse a servir cuando cuesta. Es alegrarse por el desgaste de la entrega, porque todo ese cansancio manifiesta que mi amor es verdadero, demuestra que los quiero, y que lo hago libremente.

Hay una mentira inherente en querer oponer la libertad a la entrega —predica san Josemaría Escrivá—, «porque la entrega viene como consecuencia de la libertad. Mirad, cuando una madre se sacrifica por amor a sus hijos, ha elegido; y, según la medida de ese amor, así se manifestará su libertad. Si ese amor es grande, la libertad aparecerá fecunda, y el bien de los hijos proviene de esa bendita libertad, que supone entrega, y proviene de esa bendita entrega, que es precisamente libertad»[25].

Si no experimento el dolor, aún no puedo decir que amo. Como decía santa Teresa de Calcuta: «Hay que aprender a amar, amar de verdad, amar hasta que duela». Mi amor es carne gastada, piernas cansadas, cabeza dolida, falta de tiempo para mí. ¿Quiero a los míos de verdad? ¿Siento más amor en ese dolor y en ese cansancio, que en el gusto y en el placer?

Pero para poder ir así por la vida, con pies ligeros para servir, necesitamos despegarnos de las

---

[25] San Josemaría Escrivá, *Amigos de Dios* n. 30.

cosas terrenas, de los halagos del yo, de las satisfacciones materialistas. Esos intereses de comodidad y egoísmo entorpecen nuestros reflejos y frenan los deseos operativos de servir. Nos quedamos muchas veces en las buenas intenciones, en deseos quiméricos, porque aún nos pesan demasiado nuestros gustos, nuestro individualismo.

Darse, ¡es mejor que dar!

Para aprender a darnos del todo en el servicio a los demás debemos empezar por pequeños actos de generosidad y olvido de uno mismo. Aunque pueda parecer ingenuo, hacerse don para los demás comienza con la sonrisa, algo tan natural y al alcance de la mano de cualquiera. Es verdad, la sonrisa, esa *línea curva que lo endereza todo*, es el camino más directo entre dos corazones. La vía más rápida para acercarnos a los demás no es la línea recta, es la sonrisa. Y el que aprende a sonreír tiende puentes, genera encuentros y empieza a darse a los demás.

María es morada de Dios y así lo manifiesta: sumergida en una alegría profunda lleva el signo de su nueva misión, de la llamada que ha conferido un nuevo sentido a su vida. Entra en la casa de la prima para servir, pero entra con el esplendor del misterio en su alma y en su semblante.

El canto de María en su Visitación, el *Magnificat*, junto a la sonrisa de su rostro, es el icono perfecto de la alegría del alma que se da completamente al servicio de los demás: ¡Magnificat anima mea Dominum!... «Proclama mi alma la grandeza del Señor, se alegra mi espíritu en Dios mi Salvador, porque ha mirado la humillación de su esclava»[26]. Todos deberíamos aprender a exultar, a dejar que esa alegría rebosante se manifieste en nuestra vida. Cuando Dios lo pide todo, y cuando se responde con generosidad, llega un gozo único, nacido de una visión nueva de Dios, que nos sorprende y abre el alma a un conocimiento más profundo de Él. El *Magnificat* es un canto de alabanza, de gozo, de un espíritu que respira la plenitud de la vida.

Comienza a manifestarse en el alma de María la acción del Espíritu Santo. Unos años después, ese mismo Espíritu será para la Iglesia el fruto de la Cruz, en Pentecostés. Se perpetuaría como el fruto de la entrega total, y del olvido de sí mismo. «Sólo cuando el hombre, siendo fiel a la gracia, se decide a colocar en el centro de su alma la Cruz, negándose a sí mismo por amor a Dios, estando realmente desprendido del egoísmo y de toda falsa seguridad humana, es decir,

---

[26] Lc 1, 46.

cuando vive verdaderamente de fe, es entonces y solo entonces cuando recibe con plenitud el gran fuego, la gran luz, la gran consolación del Espíritu Santo»[27].

Me gusta pensar que Jesucristo adquirió de su madre ese modo de ser servicial y alegre. Como hombre verdadero, aprendió los gestos de sus padres, esa sonrisa habitual, la generosidad, y la capacidad de enternecerse ante las necesidades de los demás. Como aquella ocasión, cerca de Cafarnaúm, a orillas del mar de Galilea, cuando al mirar a la multitud que le había seguido durante una jornada intensa de curaciones milagrosas, «sintió compasión por ellas, porque andaban como ovejas sin pastor; y se puso a enseñarles con calma. Cuando se hizo tarde se acercaron sus discípulos a decirle: Estamos en despoblado, y ya es muy tarde. Despídelos, que vayan a las aldeas de alrededor y compren algo de comer. Él les replicó: Dadles vosotros de comer. Ellos le preguntaron: ¿Vamos a ir a comprar doscientos denarios de pan para darles de comer? Él les dijo: ¿Cuántos panes tenéis? Id a ver»[28].

---

[27] San Josemaría Escrivá, *Es Cristo que pasa*, n. 137.
[28] Mc 6, 34-38.

«¿Cuántos panes tenéis? Id a ver». A veces no somos conscientes de lo que tenemos, de los dones y talentos recibidos por parte de Dios. Y Él nos invita a descubrirlos con su "id a ver". Bajo la luz de su mirada es cuando descubrimos la inmensa riqueza que hay en nuestro interior, la potencialidad de nuestra alma para entregarnos a los demás, una capacidad mucho más grande de lo que imaginamos, mucho más allá de los límites que nos impone nuestro egoísmo. Tal vez si viviéramos más pendientes de los demás y con la certeza de que esos talentos no son para nosotros sino para ellos, estaríamos más atentos para descubrirlos, desarrollarlos y ponerlos al servicio de los otros en lo más pequeño y cotidiano; en lo común, en lo de cada día[29].

«Cuando lo averiguaron le dijeron: —Cinco, y dos peces. Él les mandó que hicieran recostarse a la gente sobre la hierba en grupos. Ellos se acomodaron por grupos de cien y de cincuenta. Y tomando los cinco panes y los dos peces, alzando la mirada al cielo, pronunció la bendición, partió los panes y se los dio a los discípulos para que se los sirvieran. Y repartió entre todos los

---

[29] Cfr. Elena Fernández en https://misionerosdigitales.com/2019/01/la-cosa-es-que-es-cosa-suya

dos peces. Comieron todos y se saciaron, y recogieron las sobras: doce cestos de pan y de peces. Los que comieron eran cinco mil hombres»[30].

Alzando la mirada al cielo... en ese gesto podemos encontrar la clave del servicio, para realizarlo solamente para la gloria de Dios, quitándonos de en medio, renunciando a las recompensas humanas, esperando las bendiciones de lo alto y no los premios que nos prometen los hombres: la aprobación, el aplauso, el reconocimiento, las recompensas efímeras. Por todo eso no vale la pena darse del todo.

Lo natural para un hombre cristiano, para una mujer cristiana, es que tenga muchos deseos de servir incluso sin que los demás lo noten, sin recibir agradecimiento humano. Así se empieza a vivir la entrega total de quien aspira a devolver los dones y talentos recibidos de Dios, usándolos para ayudar, consolar y aliviar las necesidades de los demás.

A veces sentiremos que en ese servicio entregado nos estamos *partiendo* verdaderamente y *repartiéndonos,* sin dejar nada para nosotros mismos. El fruto derivado de ese esfuerzo, de ese cansancio, no deberá preocuparnos. Al fin y al cabo, eso depende del Señor, no de nosotros.

---

[30] Mc 6, 39-44.

Que se multiplique nuestra vida en su servicio, que el fruto final sea la sobreabundancia, es cosa suya. Nosotros no podemos aumentar un milímetro una planta o un cabello; nosotros sembramos, el incremento lo da Dios. A nosotros nos toca acoger su llamada y sembrar amor a manos llenas. A Él le toca saciar nuestras vidas, nuestras almas, nuestros corazones, según la medida de su Corazón. Y es un descanso saber que esto es así.

Dadles vosotros de comer. Es el mandato de Jesús para poder ser plenos y felices. El Señor pudo haber saciado el hambre de toda la multitud con un solo pensamiento suyo. Sin embargo, quiere que tú y yo experimentemos la dicha de saciar a los demás, porque nuestro corazón está hecho para eso, para servir. Vamos a ofrecer el pan de nuestra vida en alimento a los que lo necesiten.

Nuestra Señora entra en la casa de Isabel, esposa de Zacarías, quien era sacerdote. En aquella casa comienza a conformarse el culto cristiano que consistirá en ofrecer al Padre todo lo nuestro, unidos a su Hijo. La Virgen llevaba en su seno al Salvador y por eso su entrega generosa la ofreció con alegría. Ella aún no lo sabía, pero su Hijo nacerá precisamente en Belén, lugar cuyo nombre significa *casa del pan*: será el alimento que se ofrece a los hombres como la máxima ofrenda que nadie haya podido imaginar recibir.

Para el cristiano, hacerse pan como Jesús, es lo más humano, natural, encantador. Y ofrecerse como se ofrece el pan. Como el anfitrión al peregrino, como el padre a su hijo; en esa actitud somos realmente nosotros mismos, cuando sabemos ofrecer nuestro pan. Se trata de eso: de ser nosotros mismos «*pan partido* para los demás y, por tanto, trabajar por un mundo más justo y fraterno. Pensando en la multiplicación de los panes y los peces, hemos de reconocer que Cristo sigue exhortando también hoy a sus discípulos a comprometerse en primera persona: "Dadles vosotros de comer" (*Mt* 14,16). En verdad, la vocación de cada uno de nosotros consiste en ser, junto con Jesús, *pan partido para la vida del mundo*, ¡hacernos pan partido para los demás»[31].

¿Te has detenido alguna vez a meditar despacio la oración del ofertorio de la misa? ¿Has descubierto la belleza de esa oración donde se condensa la esperanza cristiana?

EL OFERTORIO DE LA MISA, LA MÁS BELLA ORACIÓN PARA OFRECERSE

La liturgia eucarística de la santa misa empieza con esta oración tan antigua y por eso tan familiar para los católicos:

---

[31] Benedicto XVI, *Sacramentum Caritatis*, n. 88.

Bendito seas, Señor, Dios del Universo
por este pan, fruto de la tierra
y del trabajo del hombre,
que recibimos de tu generosidad
y ahora te presentamos;
él será para nosotros Pan de Vida.
Bendito seas por siempre, Señor.

Empezamos así, alabando al Señor. A ejemplo de la Virgen María, debe ser la oración de alabanza la primera en brotar espontánea de nuestro corazón cuando nos ponemos delante de Dios nuestro Padre. Alabarle y bendecirle por su grandeza, por su poder y su amor, porque es el Dios del universo.

Sin embargo, esa oración de alabanza no es el reconocimiento de unos atributos divinos que nos deslumbran y confunden. En ella bendecimos a Dios por su bondad, que se manifiesta continuamente en favor de cada uno de nosotros: *por este pan*. Le bendecimos por los bienes concretos que disfrutamos. No por el pan del planeta, sino por *este*. Bendito seas Señor Dios del universo por este pan, el que tenemos en nuestras manos, el que hemos separado para ti y está en este momento sobre el altar. Bendecimos a Dios por *este* día, por *esta* alegría, por *este* trabajo que hoy nos ocupa, por *esta* enfermedad que nos une hoy a Cristo en la Cruz…, por *este* pan.

Bendigo a Dios por este pan que no ha caído del cielo, sino como *fruto de la tierra y del trabajo del hombre.* Porque el misterio cristiano se comprende mejor cuando entendemos la relación entre la gracia de Dios y la contribución humana.

El Catecismo de la Iglesia Católica describe cómo se realiza la «colaboración entre la gracia de Dios y la libertad del hombre. Por parte del hombre se expresa en el asentimiento de la fe a la Palabra de Dios, y en la cooperación de la caridad al impulso del Espíritu Santo»[32]. En efecto, al contemplar los milagros de Cristo, vemos en todos ellos cómo Jesús pide a quienes acuden a Él, lo que cada uno de ellos puede dar: «ve y lávate en la piscina»[33], «extiende tu mano»[34], «id a presentaros a los sacerdotes»[35], «¿cuántos panes tenéis? Id a ver, traedlos aquí»[36]… Hay siempre por parte de Cristo una invitación a la acción, a poner lo que está en nuestras manos. El resto

---

[32] Catecismo de la Iglesia Católica, n. 1993
[33] Cfr. Jn 9, 7.
[34] Cfr. Mt 12, 13.
[35] Cfr. Lc 17, 14.
[36] Cfr. Mt 15, 34.

lo hará Él, sobrepasando los límites de nuestra pobre aportación, pero necesitándola como condición indispensable.

Por eso, en el ofertorio de la misa ponemos lo nuestro, reconociendo al mismo tiempo que, aunque sea fruto de nuestro trabajo, lo *hemos recibido de su generosidad*, pues gracias a los dones recibidos hemos podido trabajar en nuestro provecho y en su servicio.

El hombre y la mujer humilde, los que son pobres de espíritu, saben dar gratuitamente lo que han recibido gratis: como reconocen lo propio como recibido, ahora lo presentan de nuevo a Dios. ¿Por qué? ¿Qué sentido tiene volver a presentar a Dios lo que Él nos ha dado? En el Padre nuestro pedimos el pan de cada día, y lo recibimos de su generosidad. Ahora nos toca a nosotros presentarlo, pero no para perderlo, sino para volver a recibirlo, para que nunca nos falte y cada vez sea mejor. Así de grande es el amor de Dios por sus hijos.

Si no lo presentamos, si no lo separamos para Él, como hacemos en el ofertorio, se quedará en el lugar común del pan vulgar; no será pan ofrecido a Dios, se quedará en el montón de los panes comunes, permanecerá en el morral para saciar si acaso a aquel chiquillo antes de la multiplicación de los panes, pero no servirá para alimentar a los demás. En cambio, el cristiano sabe que, si pone ese *pan* sobre el altar, le será devuelto, multiplicado, vivificado: *él será para nosotros ¡pan de vida!*

EL AMOR A LA POBREZA

*En aquellos días se promulgó un edicto de César
Augusto, para que se empadronase todo el mundo.
Este empadronamiento se hizo cuando Quirino era
gobernador de Siria. Todos iban a inscribirse, cada
uno a su ciudad. José, como era de la casa y familia
de David, subió desde Nazaret, ciudad de Galilea,
a la ciudad de David llamada Belén, en Judea,
para empadronarse con María, su esposa, que estaba
encinta. Y cuando ellos se encontraban allí, le llegó
la hora del parto, y dio a luz a su hijo primogénito;
**lo envolvió en pañales y recostó en un pesebre,
porque no había lugar para ellos en la posada**.
Había unos pastores por aquellos contornos,
que dormían al raso y vigilaban por turno su
rebaño durante la noche. De improviso un ángel
del Señor se les presentó, y la gloria del Señor los
rodeó de luz. Y se llenaron de un gran temor. El
ángel les dijo: «No temáis. Mirad que vengo a
anunciaros una gran alegría, que lo será para
todo el pueblo: hoy os ha nacido, en la ciudad de
David, el Salvador, que es el Cristo, el Señor; y
esto os servirá de señal: encontraréis a un niño
envuelto en pañales y reclinado en un pesebre».*

De pronto apareció junto al ángel una muche-dumbre de la milicia celestial, que alababa a Dios diciendo: «Gloria a Dios en las alturas y paz en la tierra a los hombres de buena voluntad».

Cuando los ángeles les dejaron, marchándose hacia el cielo, los pastores se decían unos a otros: «Vayamos a Belén para ver esto que ha ocurrido y que el Señor nos ha manifestado».

Y vinieron presurosos y encontraron a María y a José y al niño reclinado en el pesebre. Al verlo, reconocieron las cosas que les habían sido anunciadas sobre este niño. Y todos los que lo oyeron se maravillaron de cuanto los pastores les habían dicho. María guardaba todas estas cosas ponderándolas en su corazón.

Y los pastores regresaron, glorificando y alabando a Dios por todo lo que habían oído y visto, según les fue dicho (Lc 2, 1-20).

EN EL TERCER MISTERIO de gozo contemplamos a Jesús, el Hijo de Dios encarnado, que nace en la humildad de un establo, en el seno de una familia pobre. Unos sencillos pastores son los primeros testigos del acontecimiento más grande de la historia.

Dios quiso hacerse hombre pasando por todos los estadios de vida que recorre un ser humano.

Habitó en el vientre de una mujer, y nació como un hombre más, mostrando la misma vulnerabilidad, necesitando de todo. Sin embargo, ese niño es Dios, y como Dios verdadero, tiene un plan que va cumpliendo paso a paso; todo está previsto en su mente y todo tiene un sentido profundo. Ahí, en los brazos de su Madre, se muestra indefenso, dejando a los demás que decidan por Él. Es Dios, el que todo lo puede, y se pone en manos de los hombres, para que los hombres aprendamos a ponernos en las manos de Dios.

Dejar hacer a Dios

Algunas personas tienen la impresión de que ser cristiano consiste en realizar un cierto número de prácticas y que, cuantas más se hacen, mejores cristianos son. Eso no corresponde en absoluto a las enseñanzas del Evangelio. Lo verdaderamente importante en la vida cristiana no es dedicarse a llevar a la práctica un montón de obras, sino permitir la acción del Espíritu Santo en nuestras vidas. Todo lo demás brotará de esa acción de Dios en nosotros.

En la vida espiritual, se trata no tanto de hacer, como de dejarse hacer, de dejar que Dios actúe en nosotros, que pase a través de nosotros. Hagamos un comentario útil a propósito de la acción del Espíritu Santo en nuestra vida. A veces, el trabajo del Espíritu Santo es perceptible, sentimos su presencia, su unción, pero con más frecuencia es secreto. A veces también, el Espíritu nos enriquece con algunos dones: carismas, gracias, inspiraciones, etc. Pero otras veces nos empobrece: nos hace tomar conciencia de nuestra miseria radical. No se puede medir la presencia y la acción del Espíritu con criterios superficiales. A veces es sensible, y a veces escondida. A veces gozosa, a veces dolorosa. Poco importa que la acción del Espíritu sea perceptible o no, que sea consoladora o nos ponga a prueba: siempre es fecunda. Lo que cuenta es practicar las actitudes que nos hacen receptivos a ella. La vocación cristiana nos llama a dar mucho. Pero para dar mucho (sin que el don de sí acabe en agotamientos, amarguras o desilusiones), es necesario aprender a recibir[1].

Esa es la clave de la verdadera pobreza, el primer rasgo que Jesús pronunció como condición para la felicidad en su sermón de la montaña: «*¡Bienaventurados los pobres de espíritu!*»[2]. ¡Felices aquellos que son capaces de recibirlo todo

---

[1] Jacques PHILIPPE, *Si conocieras el don de Dios*, Rialp 2017, Introducción.

[2] Mt 5, 1.

de Dios! Son felices, porque no queriendo más que a Dios, encuentran en Él todos los bienes, y viviendo la pobreza disfrutan de un paraíso anticipado en la tierra, como lo gozaba san Francisco de Asís, cuando exclamaba: «¡Mi Dios y mi todo!»: *Deus meus et Omnia!*

La vida de los santos es siempre una luz que ayuda a entender hasta qué alturas puede llevarnos el amor de Dios:

> Amemos, pues, este único bien en el cual están todos los bienes, como dice san Agustín. Y digamos al Señor con san Ignacio: Dame Señor tu amor y tu gracia, y con eso soy bastante rico. Cuando sintamos los efectos de la pobreza, consolémonos pensando que Jesús y María fueron pobres como nosotros. ¡Qué gran motivo de consuelo para el pobre, dice san Buenaventura, el considerar la pobreza de Cristo y de su Madre María![3]

AMAR LA POBREZA ES BUSCAR ACTIVAMENTE EL DESPRENDIMIENTO

Esta es la primera y la fuente de las demás Bienaventuranzas. En el centro del Evangelio y de la persona de Jesús hay un misterio de pobreza

---

[3] San Alfonso María de LIGORIO, *Las glorias de María*, Virtudes VII, n. 3.

del todo esencial y sin el cual no se podría vivir con una lógica cristiana. Pero no es fácil de comprender. Incluso en el ámbito de la vida espiritual, meditamos casi siempre en la pobreza como una desgracia ante la cual hay que estar dispuestos a resignarse, a encontrar el valor de esa carencia, esa situación de penuria. Y esperamos que sea pasajera, nunca la elegiríamos, nos cuesta quererla por sí misma. El amor a la pobreza es un signo distintivo de las almas cristianas que han progresado en la vida interior y han alcanzado los consuelos del Espíritu Santo, elevándose por encima de los bienes materiales. Los verdaderos cristianos consideran *basura* todo lo de aquí abajo, con tal de vivir y saborear el amor de Cristo[4].

En cambio, cuando entendamos la pobreza como el ambiente elegido por el Señor para realizar sus más grandes prodigios, no esperaremos a que Él nos pida darle todo, sino que buscaremos el modo de desprendernos cada día de aquello que nos impide ser pobres de verdad. Se requiere santidad y un gran corazón para amar la pobreza. Es necesaria una madurez espiritual que solo Dios puede conceder. No tengamos reparo en pedírsela, porque solamente amando de

---

[4] Cfr. Fil 3, 8.

verdad la pobreza estaremos dispuestos a recibir de Dios sus máximos regalos.

Ponte en coloquio con Santa María —aconseja san Josemaría—, y confíale: ¡oh, Señora!, para vivir el ideal que Dios ha metido en mi corazón, necesito volar... muy alto, ¡muy alto!

No basta despegarte, con la ayuda divina, de las cosas de este mundo, sabiendo que son tierra. Más incluso: aunque el universo entero lo coloques en un montón bajo tus pies, para estar más cerca del Cielo..., ¡no basta!

Necesitas volar, sin apoyarte en nada de aquí, pendiente de la voz y del soplo del Espíritu. —Pero, me dices, ¡mis alas están manchadas!: barro de años, sucio, pegadizo...

Y te he insistido: acude a la Virgen. Señora —repíteselo—: ¡que apenas logro remontar el vuelo!, ¡que la tierra me atrae como un imán maldito! —Señora, Tú puedes hacer que mi alma se lance al vuelo definitivo y glorioso, que tiene su fin en el Corazón de Dios.

—Confía, que Ella te escucha[5].

El poeta mexicano Amado Nervo, al final de su vida, tuvo que prescindir, por los conflictos revolucionarios, de su trabajo como diplomático y,

---

[5] San Josemaría Escrivá, *Forja* n. 994.

por ende, de las remuneraciones que le proporcionaban un estilo de vida desahogado. Cuando se vio en medio de aquella penuria, y recordando el ideal de su juventud pensó en ser sacerdote y vivir una entrega total a Dios. Entonces escribió unos versos que reflejan la grandeza de su alma cristiana:

> ¡Oh santa pobreza,
> Dulce compañía,
> timbre de nobleza,
> cuna de hidalguía:
> Ven, entra en mi pieza,
> tiempo ha no te vía!
>
> Pero te aguardaba,
> y austero pasaba
> la existencia mía.
>
> Callado y sereno
> me hallarás, y lleno
> del alto Ideal
> que en los rubios días
> de mis lozanías,
> y ahora, en mi ocaso,
> aviva mi paso por el erial.
>
> ¡Oh santa pobreza,
> Dulce compañía,

timbre de nobleza,
cuna de hidalguía:
Ven, entra en mi pieza,
tiempo ha no te vía![6]

Que el Señor nos conceda la libertad de espíritu para ser capaces, como estos grandes hombres, no solamente de esperar la pobreza y recibirla con pasión cuando llame a nuestra puerta, sino de ir más allá, de buscarla activamente en el desprendimiento cotidiano de los bienes materiales, en el abandono sereno y alegre en la Providencia divina, porque esa es la piedra de toque de la verdadera santidad.

No se trata de darle cosas a Dios.

Parecería inútil afanarse por presentar al Señor algo de lo que Él tuviera necesidad; desde nuestra situación de deudores que no tienen con qué pagar, nuestros dones se asemejarían a los de la Antigua Ley, que Dios ya no acepta: Tú no has querido, ni han sido de tu agrado, los sacrificios, las ofrendas y los holocaustos por el pecado, cosas todas que ofrecen según la Ley. Pero el Señor sabe que dar es propio de enamorados, y Él mismo nos señala lo que desea de nosotros.

---

[6] Amado NERVO, *Una antología general*, Fondo de Cultura Económica, México 2006, pp. 152-153.

No le importan las riquezas, ni los frutos ni los animales de la tierra, del mar o del aire, porque todo eso es suyo; quiere algo íntimo, que hemos de entregarle con libertad: dame, hijo mío, tu corazón. ¿Veis? No se satisface compartiendo: lo quiere todo. No anda buscando cosas nuestras, repito: nos quiere a nosotros mismos. De ahí, y solo de ahí, arrancan todos los otros presentes que podemos ofrecer al Señor[7].

El beato Álvaro del Portillo, refiriéndose a san Josemaría, ofrece un testimonio iluminador:

Desde que lo conocí, advertí que se refería muchas veces a la virtud de la pobreza con una expresión muy significativa: «La pobreza, gran señora mía». La llamó así desde que tenía treinta y uno o treinta y dos años, hasta el final de su vida. No era simple privación, sino verdadero tesoro que conduce a la efectiva unión personal con Cristo, en la desnudez de Belén y del Calvario, y es condición de eficacia de todo apostolado. A ninguno de nosotros nos sorprendía la insistencia con que nuestro Fundador, al recomendar la práctica de la pobreza, ejemplificaba de modo muy exigente, sus aplicaciones más concretas: «No tener nada como propio; no tener nada superfluo, no quejarse cuando falta lo necesario; cuando se puede

---

[7] San Josemaría ESCRIVÁ, *Es Cristo que pasa*, n. 35.

escoger, elegir la cosa más pobre, menos simpática; no maltratar los objetos que usamos; hacer buen uso del tiempo»[8].

Esta actitud de desprendimiento de los proyectos, sueños, seguridades, cuesta. Es más, no es posible vivir así sin una ayuda especial de Dios. Alguno podría rebelarse, molestarse y revolverse en sus dudas sobre la bondad de Dios, pues no parece ser tan bueno quien le ha "despojado" de sus seguridades terrenales. Sin embargo, la esperanza teologal, recibida en el bautismo, proporciona al cristiano una luz que le da la certeza de que finalmente todo se volverá a acomodar, y de que «todo es para bien»[9].

LOS PLANES DE DIOS SON MEJORES QUE LOS NUESTROS

La mujer y el hombre cristiano, aún en condiciones de una pérdida inesperada, pueden tener una seguridad: si Dios les está pidiendo que le devuelvan algo que antes les prestó, seguramente es porque Él ya tiene preparado para ellos algo mejor. Así lo ilustra un antiguo cuento oriental:

---

[8] Cesare CAVALLIERI y beato Álvaro del PORTILLO, *Entrevista sobre el Fundador del Opus Dei*, Rialp 1992, cap. 11.
[9] Cfr. Rom 8, 28-30.

Había un monje ermitaño a quien atormentaba esta duda: «¿Por qué permite Dios que a los buenos les vaya mal?». Después de tratar en vano de resolverla, se fue en busca del obispo de Constantinopla para que él, con su sabiduría, le solucionara aquella cuestión.

Partió por aquellos solitarios caminos y encontró pronto a un joven de mirada noble y aspecto agradable, el cual le preguntó a dónde se dirigía. «Voy a Constantinopla en busca del Obispo para que me explique por qué Dios permite que a la gente buena le resulten mal las cosas muchas veces». «Pues yo voy para allá también —dijo el joven—. Si me permite, lo acompaño».

El ermitaño aceptó la compañía. Al atardecer vieron una lucecita y fueron allá en busca de hospedaje. Ahí vivía otro monje solitario, que los recibió muy bien y compartió con ellos su pan. Luego sacó un bello vaso de cristal, explicándoles que era el único utensilio que poseía. Les dio a beber él, y luego sacó una toalla para limpiarlo. En eso estaba cuando se le escurrió de entre las manos y se hizo añicos. El monje se echó a llorar, y otro tanto hizo el ermitaño. Pero el joven que lo acompañaba, al ver la escena, no se perturbó en absoluto: es más, se mostró alegre y sonriente.

La segunda noche llegaron a una pequeña ciudad, donde un piadoso hombre y su santa mujer les ofrecieron un cordial recibimiento. Les dieron de comer y beber, pero antes de retirarse a descansar les presentaron el mayor tesoro que tenían: un lindísimo niño, su hijo único. El ermitaño bendijo al niño y a sus padres, y todos se fueron a dormir. Pero a media noche sobrevino un terremoto, y el techo donde dormía el pequeño se vino abajo, quedando sepultado bajo los escombros. Los padres lloraron desconsoladamente, y otro tanto hizo el ermitaño, pero el joven en vez de llorar gozaba interiormente, y no podía dejar de esbozar su sonrisa.

Llegados a un inmenso puente, vieron que al otro extremo se dividía el camino en tres veredas. No sabiendo cuál era mejor, llamaron a un joven, para que los orientara. Iban a mitad del puente cuanto apareció por el otro lado un carruaje tirado por unos caballos desbocados y sin freno. Al pasar junto al joven guía, le dio un tremendo golpe arrojándolo ya sin vida entre las aguas del río. La misma reacción de dolor se dio en el ermitaño y el mismo gesto de complacencia en su acompañante.

Aquella tarde pidieron posada en un convento. Los monjes quisieron enseñarles su rica e inmensa biblioteca. Al amanecer se oyó una voz de alarma: ¡incendio, incendio! El que cuidaba las vacas había dejado una vela encendida, y esta había provocado un fuego incontenible. Los religiosos quedaron así en una absoluta miseria. El ermitaño se llenó de pena, pero el joven se reía, muy contento. Lleno de indignación, el monje ermitaño estalló:

—¡Vete de aquí, infeliz, siempre te alegras de las desdichas de los buenos!

El joven replicó:

—Me iré, pero quiero explicarte quién soy y por qué me río. Soy tu ángel de la guarda, y he venido a contestar a tu pregunta sobre el mal que sobreviene a los buenos. Aquel monje que nos dio su pan, solo tenía un vaso, y ese vaso se rompió. Me reí de ello porque él amaba demasiado ese utensilio. Ahora tomará agua en el cuenco de la mano y todo su amor será para Dios, sin que lo comparta con ningún objeto terreno. Aquella familia tenía un hijo único y el temblor de tierra lo mató. Me puse contento porque ese niño iba a crecer muy insolente, y entre tanta abundancia de bienes materiales se hubiera convertido en un hombre corrompido. Ahora goza de Dios en el cielo: el terremoto lo libró del infierno. ¿Entiendes por qué me puse contento?

—¿Y el joven que nos acompañó por el puente y se ahogó?

—Ese muchacho iba a cometer hoy por primera vez un pecado mortal. Pero los caballos lo libraron de ir a donde estaba el que le tenía preparada la trampa para su alma. Ahora goza en la otra vida y su alma se libró del gran peligro. ¿No merecía una sonrisa esa victoria?

—¿Y los monjes?

—¡Ah!, los monjes eran demasiado ricos. Habían olvidado ya sus antiguas austeridades, llenándose de comodidades, y su amor a Dios se estaba apagando. Ahora que se han quedado solo con lo puesto, volverán a Dios y darán buen ejemplo a los demás. Así, pues, no debes olvidar nunca aquel refrán: «No hay mal que por bien no venga». «Todo redunda en bien de los que aman a Dios». «Dios sabe sacar bien del mal».

Ya no fue necesario ir a Constantinopla. La respuesta era muy clara: Dios permite que a los buenos les vaya mal porque de ese mal saldrá mucho bien para ellos. Aquel hombre pudo comprobar aquello que había escuchado tiempo atrás, pero sin haberlo entendido del todo entonces: *Dios destruye tus planes, cuando ellos están a punto de destruirte a ti.*

Hemos perdido la noción de la Providencia, se nos ha hecho tan común el milagro de la vida, que ya ni nos maravillamos con él. Dios no necesita lanzar fuegos artificiales, ni hacer trucos. Él filtra lo sobrenatural en lo natural, lo intangible en lo tangible; su juego favorito es romper la lógica de nuestro razonamiento con tesoros por descubrir. (…) Todo cambiará para bien el día que entiendas que la vida consiste en permitir que Dios te use para Sus propósitos, no tú a Él para los tuyos[10].

---

[10] Daniel HABIF, *Inquebrantables*, Harper Collins, México 2019, p. 312-314.

Las decisiones de Dios, al ser infinitamente sabias, nunca dejarán de sorprendernos. El hombre no puede entender de primeras el bien que Dios quiere para él mientras afronta las pruebas más terribles. Solo los ojos de la fe pueden permitirnos continuar avanzando hacia Dios. «Nadie sabe, por ejemplo, si Dios no concederá a los cristianos de Oriente —cuando Él así lo quiera—, una espléndida primavera… Nuestros ojos humanos son demasiado débiles y están demasiado enfermos para comprender la economía del Cielo»[11]. Qué verdad lo que el sabio colombiano Nicolás Gómez Dávila apostillaba cuando afirmó que la sabiduría se reduce a no enseñarle a Dios cómo se deben hacer las cosas.

SOMOS ADMINISTRADORES DE LOS DONES DE DIOS

Podemos ver con más realismo lo que nos sucede, cuando nos convencemos de que en la vida las cosas simplemente cambian de poseedor, pasan de una mano a otra: hoy tenemos, quizá mañana tengamos un poco más —amistades, dinero, amigos, salud, bienes materiales— pero

---

[11] Cfr. Robert SARAH, *La fuerza del silencio*, Palabra 2017, Cap. V.

tal vez después tendremos un poco menos, o nada, y habremos de comenzar de cero.

Bajo estas circunstancias tenemos dos opciones: gemir y patalear porque las cosas cambiaron, porque ya no serán nuestras, porque los negocios fracasaron, o porque hemos perdido hasta la salud; llorar, porque la casa de mis sueños ya no será "mía" y pasará a otras manos, o porque he perdido el trabajo que durante años me ha hecho madurar y ganarme la vida... O bien, agradecer a Dios el don de haber podido disfrutar de aquello por un tiempo, y seguir caminando con esperanza hacia la vida que se nos presenta, con sus nuevas promesas.

Ni la vida, ni la salud, ni los hijos, nada es nuestro. Solo somos administradores de los dones de Dios. Él es el único dueño de todo y a Él debe volver todo. Una realidad válida incluso para aquellos que piensan que pueden hacer con su vida lo que les venga en gana. Tenemos la responsabilidad de dar cuentas a nuestro Creador de lo bueno y no tan bueno que hemos hecho con todo lo recibido en nuestra existencia.

No se trata de vivir un desapego frío, no sentir, no desear y no sufrir, sino de confiar mucho en Dios, y estar convencido de que nada ni nadie me pertenece: todo lo he recibido en préstamo. Este convencimiento es una tarea que se realiza a lo largo de la vida: quitarse de encima lo super-fluo y permanecer en lo esencial. Esa aparente pobreza en realidad es una gran alegría, porque el valor originario de nuestras vidas es una riqueza mayor que las cosas que acumulamos a lo largo del tiempo. Se trata de caer en la cuenta de que nada es nuestro, que todo nos ha sido confiado. Y al mismo tiempo, gozamos de todo, como dijo Jesús poniendo en boca del padre de la parábola del hijo pródigo esas palabras dirigidas al hermano mayor: «Hijo, tú siempre estás conmigo, y todo lo que tengo es tuyo»[12]. Todas las cosas le pertenecen a nuestro Padre Dios y a Él han de volver cuando lo desee. Muchas veces sentimos perder el control de lo que amamos —hijos, el trabajo ideal, casa, etc.— pero siempre podemos amar lo que hoy, en este momento, tenemos. Así que mientras tengamos diversos dones en nuestra vida ¡disfrutémoslos!, porque nada es eterno. Pero hagámoslo con cuidado, sin sentirnos atados a nada.

Reflexionemos por unos momentos sobre la cantidad de cosas no esenciales a las que rendimos pleitesía. Es una insensatez, pues seguiríamos siendo felices sin muchas de ellas, como bien lo muestra una anécdota atribuida

---

[12] Lc 15, 31.

a Sócrates: Paseaba en cierta ocasión el filósofo por el mercado de Atenas, pobremente vestido, y se admiraba de la abundancia de objetos que se ofrecían en los tenderetes. «¡Cuántas cosas no necesito!», acabó exclamando, sorprendido.

No hay que despreciar los bienes que Dios me ha permitido gozar, sino ubicarlos en su justo lugar, para no convertirme en esclavo de ellos ni crearme falsas necesidades.

Pensar así no es inmolarse o entregarse a la desgracia; es ser cristianos coherentes, sensatos. Hay razones profundas de fe, de justicia y hasta de conveniencia, pues la felicidad que buscamos está precisamente en ese desprendimiento. Si supiéramos esto, y nos convenciéramos de verdad, cuántas preocupaciones y agobios nos evitaríamos...

El no vivir apegados a las cosas de la vida —dice Luz Ivonne Ream— hace más espacio al corazón para amar solo a Dios y todo aquello que es fruto de su amor, aquello que cuando nos muramos nos llevaremos en el equipaje del alma. Con pocas cosas, con la mirada y el corazón puestos en lo eterno, yendo por la vida ligeros de equipaje, se vive mucho mejor. Claro, con menos carga el camino se hace menos pesado.

Es cierto, a muchos nos cuesta más que a otros vivir esta clase de desprendimiento. Fuera de juicio alguno, he encontrado una relación directamente proporcional entre la cantidad de amor que una persona recibió desde su niñez (y que hoy sigue recibiendo) y su grado de generosidad y desprendimiento: a mayor amor, mayor generosidad, mayor desprendimiento y menos apego a las cosas materiales. Las personas que recibieron amor de manera espléndida son increíblemente bondadosas y encuentran en el "dar" una verdadera fuente de amor.

No cabe duda de que el corazón se debe llenar de intangibles que sean perceptibles únicamente con los ojos del alma. Vivir el desprendimiento requiere de una lucha ascética diaria, de ver más allá de nuestros gustos y deseos personales. Decir adiós o hasta luego a aquello que amamos, duele hasta el tuétano[13].

El ejemplo de Cristo es la luz para cada cristiano: a través del desprendimiento hemos sido redimidos. En la vida de Cristo la virtud de la pobreza brilló de un modo extraordinario desde su nacimiento en Belén hasta el Calvario, donde vivió en carne propia «el despojo, la pobreza más absoluta. Nada ha quedado al Señor, sino un madero. Para llegar a Dios, Cristo es el camino; pero Cristo está en la Cruz, y para subir a la

---

[13] Cfr. http://es.aleteia.org/2017/09/11/vivir-el-desprendimiento-nada-ni-nadie-nos-pertenece/

Cruz hay que tener el corazón libre, desasido de las cosas de la tierra»[14].

SER PANES EN LAS MANOS DE DIOS

En un sacrificio, es esencial el papel de la víctima que se ofrece. Desde que Jesús subió a la Cruz, ya no existe en el mundo ninguna otra víctima agradable a Dios. Él es quien se ofrece, pero quiso llevarnos consigo para ofrecernos también nosotros con Él. La Iglesia, a lo largo de los siglos, ha meditado acerca de nuestra identificación con Cristo, para poder ser convertidos en ofrenda agradable a Dios Padre. Esta transformación es obra del Espíritu Santo en nuestras almas, desde el momento mismo de ser bautizados. El Espíritu empieza a trabajar, a pulir, a cortar, como un escultor, va configurando nuestras almas con Cristo. Y, si somos dóciles y le dejamos actuar, la obra tiene garantías de ser completada por manos del artista divino.

En el sacrificio eucarístico, Jesús nacido en la "casa del pan" es quien se ofrece, pero es necesario que los dones llevados al altar, el pan y el vino, sufran una transformación, de suerte que la sustancia del pan se convierte en su Cuerpo y la del vino en su Sangre. Del mismo modo, es

---

[14] San Josemaría ESCRIVÁ, *Via crucis*, décima estación.

necesario que nos transformemos y nos convirtamos en Jesucristo, para poder ser ofrecidos en un sacrificio agradable a Dios Padre.

Las palabras del papa Francisco en la misa de canonización de san Pablo VI no dejan lugar a la interpretación:

> Jesús es radical. Él lo da todo y lo pide todo: da un amor total y pide un corazón indiviso. También hoy se nos da como pan vivo; ¿podemos darle a cambio las migajas? A él, que se hizo siervo nuestro hasta el punto de ir a la Cruz por nosotros, no podemos responderle solo con la observancia de algún precepto. A él, que nos ofrece la vida eterna, no podemos darle un poco de tiempo sobrante. Jesús no se conforma con un "porcentaje de amor": no podemos amarlo al veinte, al cincuenta o al sesenta por ciento. O todo o nada[15].

---

[15] Papa FRANCISCO, Homilía en la canonización del papa Pablo VI, 14 de octubre de 2018.

LA ENTREGA TOTAL EN EL CULTO

Y cumplidos los días de su purificación según la Ley de Moisés, lo llevaron a Jerusalén para presentarlo al Señor, como está mandado en la ley del Señor: «Todo varón primogénito será consagrado al Señor»; y para presentar como ofrenda un par de tórtolas o dos pichones, según lo mandado en la Ley del Señor.

Había por entonces en Jerusalén un hombre llamado Simeón. Este hombre, justo y temeroso de Dios, esperaba la consolación de Israel, y el Espíritu Santo estaba con él. Había recibido la revelación del Espíritu Santo de que no moriría antes de ver al Cristo del Señor. Así, vino al Templo movido por el Espíritu. Y al entrar los padres con el niño Jesús, para cumplir lo que prescribía la Ley sobre él, lo tomó en sus brazos y bendijo a Dios diciendo: «Ahora, Señor, puedes dejar a tu siervo irse en paz, según tu palabra: porque mis ojos han visto tu salvación, la que has preparado ante la faz de todos los pueblos: luz para iluminar a los gentiles y gloria de tu pueblo Israel».

Su padre y su madre estaban admirados por las cosas que se decían de él.

Simeón los bendijo y le dijo a María, su madre: «Mira, este ha sido puesto para ruina y resurrección de muchos en Israel, y para signo de contradicción —y a tu misma alma la traspasará una espada—, a fin de que se descubran los pensamientos de muchos corazones».

Vivía entonces una profetisa llamada Ana, hija de Fanuel, de la tribu de Aser. Era de edad muy avanzada, había vivido con su marido siete años de casada y había permanecido viuda hasta los ochenta y cuatro años, sin apartarse del Templo, sirviendo con ayunos y oraciones noche y día. Y llegando en aquel mismo momento, alababa a Dios y hablaba de él a todos los que esperaban la redención de Jerusalén (Lc 2, 22-38).

EN EL CUARTO MISTERIO de gozo contemplamos a José y a María con el Niño Jesús que van a Jerusalén para cumplir dos prescripciones de la Ley mosaica: el primero, el de la purificación de la madre. Según la Escritura, la mujer al dar a luz quedaba impura. Cuando el hijo era varón, el tiempo prescrito para guardarse   era de cuarenta días. Al cumplirse este periodo tenía lugar el rito de la purificación, por el cual quedaba libre de la impureza legal.

El otro precepto de la Ley indicaba que todo primogénito pertenecía a Dios y debía serle consagrado, esto es, dedicado al culto divino, en recuerdo perenne del gran prodigio obrado por Yahvé en Egipto, cuando el ángel exterminador eliminó en una noche a todos los primogénitos de los egipcios y dejó a salvo solo a los hebreos. Sin embargo, desde que esta norma fue reservada a la tribu de Leví, se realizaba el rito del rescate para aquellos primogénitos que no pertenecían a esta tribu y no se dedicaban al culto, mostrando así que seguían siendo propiedad especial de Dios.

Jesús no es un redentor solitario

La Virgen María y san José entran en el Templo de Jerusalén con el Hijo unigénito del Padre en brazos, para ofrecerlo a Dios. Es el primer acto del culto cristiano que se perpetuaría en los siglos venideros. Se realiza en la sencillez de la vida de un matrimonio judío, sin llamar la atención y sin nada que pueda considerarse extraordinario, excepto para aquellos ancianos Simeón y Ana que, por una especial iluminación del Espíritu Santo, advirtieron la grandeza de ese ofrecimiento, como la semilla que empezaba a germinar y se desplegaría para ser contemplada por todos los hombres de todos los tiempos.

Pensémoslo por un momento. Si alguien planeara llevar a cabo un acto grandioso que todo el mundo debiera comprender y valorar, no lo haría de repente y sin preparación alguna, sino que primero atraería las miradas de los demás, procuraría hacerse notar para que fijaran en él la atención, y entonces, una vez conseguido esto, ejecutaría aquel acto de grande importancia. Así Nuestro Señor quiso durante su vida mortal que lo conociéramos, nos llamó la atención con sus milagros, con sus ejemplos, con su doctrina, para que a la hora de subir al Calvario todos los ojos estuvieran fijos en Él.

Pero no comprenderíamos bien ese acto de Jesucristo si lo consideráramos aislado de nosotros. Al morir Jesús en el Calvario, toda la humanidad incorporada a Él murió con Él. Porque todo lo que hizo Jesús no quiso hacerlo solo. Aunque Él fue el artífice de la redención humana, no quiso ser un redentor solitario.

La unión del Verbo de Dios con la naturaleza humana de Jesucristo —escribe un gran autor espiritual mexicano— tuvo por consecuencia que todos los hombres fuéramos incorporados a Él; de manera que, aunque el Verbo de Dios se unió con la humanidad de Jesús, se unió también, con una misteriosa y estrecha unión de amor, a toda la humanidad; de donde resulta que nosotros seguimos la misma suerte de Él y podemos decir que no hay un solo misterio de la vida de Cristo en el que esté Él solo. Cuando Jesús fue bautizado, hundió en el agua junto con Él toda la humanidad, sepultando sus pecados y, al salir, salió toda la humanidad regenerada en Él[1].

Al hablar de la resurrección, los Padres de la Iglesia entendieron muy pronto que con Jesús resucitó todo el linaje humano; resucitó todo el mundo, y cuando subió a los cielos, nos llevó consigo a todos; nos liberó y nos llevó cautivos con Él y, en principio, el día que Jesús subió a los cielos, subió con Él la humanidad entera. Todavía nosotros no acabamos de subir, pero de algún modo ya empezamos el viaje, ya tenemos el billete, las credenciales con las que nos presentaremos ahí, y únicamente falta que llegue la

---

[1] Mons. Luis María Martínez, *El sacerdocio de los fieles*, Editorial La Cruz, México, 1965 cap. 2. En este capítulo se encontrarán muchas enseñanzas del Siervo de Dios Luis María Martínez (1981-1953), arzobispo de México e impulsor del Apostolado de la Cruz, obra fundada por la beata Concepción Cabrera de Armida el 3 de mayo de 1895.

hora marcada por Dios para que consumemos lo que hizo Jesucristo al subir a los cielos.

Y por eso todos los misterios del Señor Jesús tienen en nosotros su consumación. Él ya no está solo; y después de realizar sus misterios en su Cuerpo real, viene a cumplirlos en su Cuerpo místico, que es la Iglesia compuesta por los bautizados, sus miembros. Nosotros.

Así como al entrar Cristo en el Jordán para ser bautizado por Juan, dio poder al agua para convertirse en agua sacramental, instrumento de salvación, así al entrar en el Templo, le confiere a esa construcción de los hombres la dignidad sagrada de verdadero lugar de ofrenda del hombre a Dios.

En la Cruz ofreció su vida con el dolor y con el sacrificio de la humanidad entera; nuestros sufrimientos, nuestras pequeñas y grandes penas, nuestras pobres lágrimas, fueron ofrecidas hace veintiún siglos por Jesús en el Calvario. Pero ese misterio está en cierta forma "sin terminar": por eso decía el Apóstol san Pablo, «completo en mí lo que falta a la pasión de Cristo»[2]. Pero ¿qué puede faltar a la pasión de Jesús si, como dice san Agustín, su pasión fue sobreabundante? Precisamente lo que le falta es extenderse a su

---

[2] Col 1, 24.

Cuerpo místico. Es necesario que completemos en nosotros mismos el sacrificio de Jesús, como es preciso actualizar en nuestras vidas todos los aspectos de su vida.

Todos los cristianos somos sacerdotes

En la vida de la Iglesia se va cumpliendo esa participación de los hombres en la vida de Cristo. Los sacramentos de la Iglesia, las gracias y bendiciones que recibimos continuamente, nuestros progresos en la vida espiritual, en una palabra toda la vida cristiana, no tiene otro fin que reproducir y completar la vida de Jesús.

Cuando recibimos el bautismo somos incorporados a Cristo, y cuando recibimos el sacramento de la Eucaristía, el sacramento de la transformación del pan y del vino en su Cuerpo y en su Sangre, nos transformamos, nos convertimos en Jesús. Y así, todos los demás sacramentos vienen a unirnos con Él, a transformarnos en Él y a hacernos participantes de todos sus misterios hasta el supremo de ellos, que es nuestra ofrenda con Jesús al Padre. Por eso se entiende que la Iglesia nos hable de la Eucaristía, el sacramento del sacrificio de Cristo, como «fuente y culmen de toda la vida cristiana»[3].

---

[3] Const. Ap. *Lumen Gentium*, n. 11.

La vida cristiana, en consecuencia, comprende dos realidades fundamentales: nuestra incorporación a Él por el Bautismo y nuestra entrega *en* Él en el culto eucarístico. La santidad se podría definir como la perfecta incorporación de nosotros a Jesús, nuestra transformación en Él, y la perfecta participación en sus misterios, especialmente en su ofrenda al Padre.

La vocación de todos los cristianos consiste en participar del sacrificio de Jesús. Para eso hemos sido ungidos en el bautismo y elegidos miembros de un pueblo sacerdotal. En la iglesia todos los bautizados hemos sido consagrados sacerdotes. En la visión de los bienaventurados que refiere el Apocalipsis, aparecen todos aquellos que entonan un nuevo cántico, diciendo: «Digno eres de tomar el libro y de abrir sus sellos; porque tú fuiste inmolado, y con tu sangre nos has redimido para Dios, de todo linaje y lengua y pueblo y nación; y nos has hecho para nuestro Dios reyes y sacerdotes, y reinaremos sobre la tierra»[4].

A esa consagración, realizada con la unción del bautismo, se llama *sacerdocio común de los fieles*, distinguiéndola del sacerdocio ministerial que algunos reciben con las órdenes sagradas y

---

[4] Ap 5, 9-10.

que tiene como orientación estar al servicio del primero. Los sacerdotes hemos recibido el sacramento del Orden para servir, para facilitar a los fieles laicos que puedan ejercer su sacerdocio común. Si Nuestro Señor Jesucristo no vino a otra cosa sino a morir por nosotros y a ofrecer a toda la humanidad después de haberla incorporado a su Persona, quiere decir que la obra capital de Jesús fue su obra sacerdotal, y que la obra fundamental para todos los cristianos es la participación del sacrificio de Cristo y, por consiguiente, de su sacerdocio.

Para que acabemos de comprender esto, conviene considerar que la obra eminentemente divina en el mundo es la obra sacerdotal de Jesús. Él vino a la tierra a eso, a ejercer su sacerdocio, a realizar su sacrificio, y todo lo demás que hizo está íntimamente ligado con esa acción sacerdotal. ¿Qué es lo que Nuestro Señor se propone al derramar en las almas tan abundantemente sus gracias? ¿Para qué nos da la gracia, y llena el alma con su cortejo de virtudes y de dones? ¿Para qué se muestra tan espléndido y tan magnificente? ¿Para qué nos amó tanto? La respuesta a todas estas preguntas es: para llevarnos por los caminos por donde Él anduvo, y que tienen su culminación en el Calvario. El oficio que Nuestro Señor tiene sobre las almas es el de ofrecerse por nosotros y llevarnos con Él para ofrecernos al Padre junto con Él.

Los apóstoles no lo comprendieron de inmediato. Ellos siguieron a Cristo en un primer momento atraídos por su persona, por su predicación, por su misericordia. Se sentían amados, comprendidos y llamados a algo grande, aunque aún no lo comprendían del todo. Y les fue costando mucho deshacerse de la visión temporal, material o incluso política del Reino que Jesús venía a instaurar. Pero el Señor les iba formando, haciéndoles madurar con infinita paciencia para disponerlos a desprenderse de los bienes materiales y luego, poco a poco, de todo aquello que es más propio de uno mismo, lo que está en el interior: ambiciones, orgullo, deseos de anteponer el yo... Y así, con una pedagogía divina los fue preparando para convertirse en ofrendas; para vivir, siguiendo su ejemplo, el verdadero amor. Y los resultados fueron excelentes: todos los apóstoles se entregaron completamente a su misión, y sus vidas fueron las semillas de las cuales brotó la fecundidad de la Iglesia.

Jesús vive y sigue actuando. Sigue llamando y pidiendo un seguimiento radical para llevar a las personas que creen en Él a las cimas de la entrega total y de la felicidad. A algunas las consigue llevar hasta allí. Otras se le quedan, por desgracia, en el camino. Ojalá queramos ser de los que Dios consigue llevar hasta las más elevadas cimas de sus planes de amor.

CRISTO PARTIÓ LA HUMANIDAD EN DOS

Jesús realizó muchas obras en su vida: vino a enseñarnos su doctrina, a mostrarnos el camino del cielo; a redimirnos y a manifestarnos su amor; a revelarnos los secretos de Dios para enamorarnos de Él y de las realidades espirituales; pero en realidad solo vino a una cosa, porque todas las demás estaban ordenadas hacia un fin y tan armonizadas entre sí, que no son sino aspectos de una misma misión: morir por nosotros. Su muerte, su sacrificio en la Cruz, es el espíritu central del cristianismo; todo se ordena hacia allá y todo brota de ahí; de manera que todos los eventos de su vida terrena son preparación de su muerte por nosotros en la Cruz.

Para que pudiéramos entender el sentido de su muerte y cooperar con su sacrificio, estuvo treinta y tres años en este mundo. Si de improviso hubiese muerto, no hubiéramos entendido el sentido de su muerte, por eso quiso predicarnos su doctrina, para hacernos comprender. Quiso vivir entre nosotros para llamar nuestra atención, para atraer y cautivar nuestros corazones y así, viéndolo a él y sintiéndonos atraídos por su misericordia, pudiéramos comprender el acto principal de su vida.

Dice san Agustín que, así como Dios al principio de los tiempos formó la primera mujer del costado de Adán, así brotó la Iglesia del Corazón de Jesús, su esposa amada. Y, de la misma manera, los sacramentos y su misma doctrina no son más que consecuencias del sacrificio del Calvario: «Vemos aquí al segundo Adán que se duerme en la Cruz, después de haber inclinado la cabeza, para que le fuera formada una esposa por esa sangre y esa agua que brotaron durante su sueño»[5].

La carta a los Hebreos establece una comparación entre los sacrificios del Antiguo Testamento con el sacrificio de Cristo, quien «habiendo ofrecido una vez para siempre un solo sacrificio por los pecados, se ha sentado a la diestra de Dios, de ahí en adelante esperando hasta que sus enemigos sean puestos por estrado de sus pies; porque con una sola ofrenda hizo perfectos para siempre a los santificados»[6]. Se revela así el sacrificio de Jesucristo como superior a los sacrificios de la Antigua Ley. Estos tenían que reiterarse y

---

[5] San Agustín, Tractatus 120 in Ioannem, n. 2.
[6] Heb 10, 12-14.

no podían borrar los pecados; en cambio, el sacrificio de Cristo en la Cruz es único y perfecto *para siempre*. Los que participan de él alcanzan la perfección, es decir, el perdón de los pecados, la pureza de conciencia, el acceso y unión con Dios. En otras palabras, la santidad deriva del sacrificio del Calvario. De ahí que la obra más grande, más divina que el hombre puede hacer en el mundo es unirse a Jesús, ofreciéndose con Él en el Calvario.

Por consiguiente, el sacerdocio de Jesucristo comprende su propio sacrificio y el de todos los hombres y mujeres incorporados a Él completando su obra redentora. Qué maravillosa sería nuestra vida si los cristianos comprendiéramos cada vez mejor este fondo de nuestra fe: hemos sido llamados a entrar de lleno en los designios de Dios, y a participar del sacerdocio y del sacrificio de Cristo de una manera plena y consumada. Si no comprendemos esto, no tendrá sentido nuestra vida, ni nuestra entrega, ni la grandeza de nuestra vocación.

Nuestro Señor quiso su sacrificio como una obra perpetua. Amó tanto su sacrificio en la Cruz, que no lo quiso como algo pasajero que quedara en los anales de la historia, sino que se perpetuara a través de los tiempos. El Padre celestial se complació tanto en el sacrificio de su

Hijo, y recibió tanta gloria de Él, que no permitió que fuera efímero, lo quiso perenne. Y para conseguirlo encontró dos maneras:

La primera, en el sacrificio eucarístico. La víspera de su Pasión estableció la Eucaristía y dijo a los Apóstoles, después de haberles dado de comer su Cuerpo y de beber su Sangre, que renovaran en su memoria ese ofrecimiento[7]. En aquella noche intensa e inolvidable, instituyó el sacramento de la Eucaristía, que había de ofrecerse por el ministerio de los sacerdotes hasta el fin de los tiempos. Ya el profeta Malaquías había anunciado que, desde el Oriente hasta el Occidente, se ofrecería sin cesar a Dios una «hostia inmaculada»[8].

Jesús prepara su sacrificio y al mismo tiempo prepara el modo de perpetuarlo. Se ilusiona pensando en el tiempo en que de una manera constante y de uno a otro extremo de la tierra, será ofrecida al Padre una Hostia inmaculada. Y así ha sucedido: la Iglesia es un perpetuo cenáculo o, si se quiere, un perpetuo Calvario, en donde se está ofreciendo si cesar a Dios Padre el sacrificio eucarístico de Jesucristo.

Una misa se enlaza con otra, cada hora, cada día, en todas partes del mundo, para indicarnos

---

[7] Cfr. 1 Corintios 11, 17-26.
[8] Cfr. Mal 1, 11.

que el sacrificio es perpetuo. Desde los primeros siglos de la Iglesia, cuando celebraba el papa en alguna basílica romana, llevaba una partícula de la Sagrada Eucaristía; antes de comenzar la misa, adoraba aquel fragmento del pan eucarístico para indicar lo perenne del Sacrificio. Y todavía, en la misa pontifical, se conserva como un recuerdo esa ceremonia: antes de comenzar la ceremonia el Pontífice va donde está reservado el Santísimo Sacramento y lo adora, para indicar la perpetuidad de ese sacrificio.

La Iglesia es como un Templo en donde se está siempre celebrando el Sacrificio de Cristo. Es de verdad un perpetuo Calvario, un cenáculo permanente. Como el sacrificio de Jesús es la obra más agradable para el Padre, Él ha querido que sus ojos estén siempre viendo en la tierra este sacrificio. La santa misa es esto: la inmolación en el altar del mismo Cuerpo de Jesucristo, de un modo místico, sacramental, incruento (sin dolor ni derramamiento de sangre), pero absolutamente real.

Pero el Señor no quedó satisfecho con esa perpetuación de su sacrificio. Quiso también que fuera al mismo tiempo perpetuado por nosotros, que completáramos su Pasión[9], y que su vida

---

[9] Cfr. Col 1, 24.

se manifestara en nuestros cuerpos mortales[10]. Y así estableció que, además de la inmolación mística del altar, hubiera una participación real de su sacrificio en nosotros, en los miembros de su Cuerpo místico.

Mientras que en el altar se realiza la inmolación real, incruenta del Cuerpo de Jesús, en nosotros se verifica la inmolación real y cruenta de su Cuerpo místico: dos formas de perpetuar el mismo sacrificio del Calvario. Dice san Pablo que «cuantas veces comemos el pan de la Eucaristía y cuantas veces bebemos ese vino, renovamos la muerte del Señor»[11]; del mismo modo, cuantas veces sufrimos en nuestros cuerpos mortales, renovamos la muerte de Jesucristo. Todos y cada uno de nuestros dolores, si los vivimos unidos a Él, están íntimamente enlazados con sus dolores y sacrificios redentores. Cuantas veces sufrimos, renovamos la muerte del Señor, hasta que vuelva.

Podemos decir que el Señor vino a partir la humanidad en dos: existen sobre la tierra quienes viven con Cristo y quienes viven sin Cristo; los que sufren con Cristo y los que sufren sin Cristo; quienes mueren con Cristo y quienes

---

[10] Cfr. Cor 4, 10.
[11] Cfr. 1 Cor 9, 26.

mueren sin Cristo; los que resucitarán con Cristo y los que resucitarán sin él.

Ya decía el Señor que no vino a otra cosa que a morir por nosotros y llevar a toda la humanidad a la Cruz. Pues bien, ese grande acto de amor lo perpetuó en la Eucaristía. De manera que si nos preguntamos: ¿qué hace Jesús en la Iglesia? ¿En qué consiste el obrar de Cristo en la Iglesia? Podemos responder: se está ofreciendo continuamente por nosotros, a cada instante; eso es lo que hace, y todo lo demás está girando alrededor de ese sacrificio. Se comunica de tal manera a las almas que reciben la Eucaristía, que a todas las arrastra *suaviter fortiterque*, suave y decididamente, a la Cruz y al ofrecimiento con Él al Padre.

La vida de la Iglesia está constituida en el fondo por dos sacrificios que se convierten en uno solo: el sacrificio eucarístico y el sacrificio de los cristianos; y estos dos sacrificios forman uno solo. Así se perpetúa el sacrificio del Calvario. Son como dos aspectos de una misma realidad, y corresponden a dos movimientos de un mismo latido de su Corazón.

HOSTIAS VIVAS

Lo que Nuestro Señor se propuso al quedarse con nosotros en la Eucaristía es ante todo formar hostias vivas, almas que completen su sacrificio y lleven a cumplimiento los ideales de su Corazón. Si entendiéramos mejor el poder de la Eucaristía, amaríamos la misa como lo han hecho los santos y los mártires de todas las épocas. «La Misa es larga, dices, y añado yo: porque tu amor es corto»[12].

Cuando una persona persevera en su vida sacramental, y comulga con frecuencia el Cuerpo y la Sangre de Cristo, va experimentando esa transformación que la santa misa obra en el alma. Nos vamos haciendo más agradecidos, más generosos, más espirituales, porque los frutos de la Eucaristía son eucaristías vivientes. Así como un manzano produce manzanas, ¿qué ha de producir la Hostia divina sino hostias? Estos son los frutos sabrosos que produce Jesús en su paso por la tierra y a través del encuentro con los hombres: hostias vivas, almas libres que saben entregarse al Padre y se vuelven luz del mundo y sal de la tierra.

La Eucaristía nos hace entrar en una dimensión que permite una visión del dolor distinta a la percibida por el mundo. Cuando profundizamos en el valor de la Cruz y de la invitación que Jesucristo hace a seguirle por ese camino,

---

[12] San Josemaría ESCRIVÁ, *Camino*, n. 529.

entramos en una relación tan íntima que nos parece vivir dentro de su Corazón. Ahí encontramos nuestro consuelo y nuestro descanso. En ese ambiente sereno, se va realizando lo que había afirmado san Pedro: «Cristo murió por nuestros pecados, para ofrecernos a Dios»[13].

Toda nuestra vida se va impregnando del sentido de la entrega. Podemos comprenderlo recordando los corderos que eran inmolados en la Antigua Ley. Mientras llegaba el momento de ser sacrificado, el cordero estaba tranquilo y contento, bien alimentado y en paz, pues de ordinario lo cebaban para la inmolación. Pero no era hostia viva, porque la inmolación no era su vida, era su muerte. Nosotros tenemos que ser hostias vivientes, porque toda nuestra vida deber ser el ofrecimiento: no podemos vivir tranquilos como cristianos hasta que no nos ofrezcamos a Dios.

Como en tiempos antiguos, cuando el sacerdote examinaba la víctima para cerciorarse de que era digna y apta para el sacrificio, hoy también la ofrenda debe tener ciertas cualidades que la hacen idónea. Las expresa san Pablo en la Carta a los Romanos: «Os exhortamos, hermanos, por la misericordia de Dios, para que os ofrezcais como una hostia viva, como una hostia

---

[13] 1 Pe 3, 18.

santa, agradable a Dios; este es el culto espiritual que debéis rendirle»[14].

Eso espera Dios de nosotros, los cristianos: que seamos *hostias* ofrecidas a Dios; que, unidos a Cristo, quien ofreció sus miembros para ser clavados en la Cruz, también nosotros entreguemos nuestros cuerpos y nuestras almas, nuestros afectos e intenciones como ofrendas a la Majestad divina, ya que somos sus miembros en este Cuerpo místico de la Iglesia. Este es el culto que espera de nosotros.

Pero además, tiene otro sentido el ser *hostias vivas*: somos hostias *voluntarias*. Teniendo libertad y amor, aceptamos voluntaria y amorosamente esa inmolación. Es la actitud manifestada por los mártires, quienes no solamente se resignaron a morir, sino que, movidos por la acción de la gracia, *ansiaban* el momento de ofrecer sus cuerpos y hacer así que sus almas fueran recibidas en el Cielo.

San Ignacio de Antioquía nos dejó unas de las páginas más impresionantes de la historia primitiva de la Iglesia católica, en las que muestra ese deseo suyo de hacerse como Jesús, trigo molido para el pan, que encuentra su razón de ser en el sacrificio. A principios del siglo II,

---

[14] Rom 12, 1.

apresado y trasladado a Roma para ser ejecutado en el Anfiteatro Flavio (más conocido como el Coliseo), su alma empieza a anhelar con gran fuerza el momento de su ofrecimiento. Preparando su llegada a la ciudad eterna, escribe a los romanos durante una breve estancia en la localidad de Esmirna, para persuadir a la comunidad cristiana de que no intercediera por él y le dejara morir entre las garras de las fieras. Dicho con sus palabras:

No tengáis conmigo una benevolencia inoportuna. Permitidme ser pasto de las bestias, gracias a las cuales alcanzaré a Dios. Trigo soy de Dios, molido por los dientes de las fieras y convertido en pan puro de Cristo (Rom 4, 1). Por favor, no vayáis a pedirle a Dios que las fieras no me hagan nada. Esto no sería para mí un bien sino un mal. Yo quiero ser devorado, molido como trigo, por los dientes de las fieras para así demostrarle a Cristo Jesús el gran amor que le tengo. Y si cuando yo llegue allá me lleno de miedo, no me hagáis caso si digo que ya no quiero morir. Que mi cuerpo sea hecho pedazos con tal de poder demostrarle mi amor al Señor Jesús. Estoy anhelando las fieras que me están preparadas, y pido que pronto se echen sobre mí. Yo mismo las azuzaré para que me devoren al punto, y no suceda lo que, en algunos casos, que amedrentadas no se acercan a sus víctimas. Si no quisieran hacerlo, yo mismo las forzaré. Perdonadme que diga esto: yo sé lo que me conviene. Ahora es cuando empiezo a ser discípulo. Dejadme que sea imitador de la pasión de mi Dios. Si alguno le tiene dentro de sí, entenderá mi actitud, y tendrá los mismos sentimientos que yo, pues sabrá qué es lo que me apremia[15].

Una hostia de las que ofrecemos en la misa no da su conformidad para que se realice en ella el milagro de la transustanciación, ni puede darlo, porque no es una hostia viva; pero nosotros sí podemos y debemos dar nuestro consentimiento para ser transformados en Jesús y ofrecidos conjuntamente con Él. Nuestro ofrecimiento tiene que ser viviente, es decir, tiene que participar en él nuestra voluntad; en una palabra, será una inmolación *amorosa* para que sea digna de ser recibida por el Padre.

Dice la Escritura, anticipando el sacrificio de Cristo, que «se ofreció, porque quiso»[16]. Y el mismo Cristo nos dijo que se sacrificaba voluntariamente: «Tengo poder para entregar mi vida

---

[15] San Ignacio de Antioquía, *Carta a los romanos*, Cap. 4. 1-2; 6, 1–8.
[16] Is 53, 7.

y también para recobrarla»[17]. Pero Él recibió un mandamiento del Padre: el de ofrecerse por los hombres. Libremente fue Jesús a su sacrificio, aceptó su inmolación; y no la aceptó de cualquier manera, sino con el amor más grande y puro que ha existido, con toda la pasión que ningún hombre sobre la tierra haya puesto en ninguna empresa, ansioso de realizarla: «Tengo que ser bautizado con un bautizo de sangre, tengo un cáliz que beber y estoy ansioso, por que llegue el momento»[18]…

Nosotros, los cristianos, cuando vivimos en gracia de Dios y participamos en la vida sacramental de la Iglesia, estamos siendo transformados en *hostias vivas*, de manera que Dios nos concede gracias especiales, y con ellas va preparándonos. Después de recibir los sacramentos de la iniciación cristiana (Bautismo, Confirmación y Eucaristía), podemos pensar que el Señor ya espera de nosotros una entrega voluntaria y amorosa. De distinta manera se inmolan las hostias vivas y las hostias muertas; las inanimadas no dan su consentimiento, no tienen voluntad propia, ni libertad, ni amor; las hostias vivas dan su consentimiento y lo dan con amor. Más aún,

---

[17] Jn 10, 18.
[18] Lc 12, 50.

la forma casi única de mostrarle a Jesús nuestro amor es esta: la entrega libre y amorosa, junto con Él, a los designios del Padre.

Jesucristo durante los treinta y tres años de su vida terrena llevó en su Corazón la inmolación amorosa de la que hemos hablado; ese ofrecimiento suyo satisfacía de tal manera sus ansias de amar, era tan agradable a su Padre y remedio de salvación para tantas almas, que nunca quiso que terminara, y buscó a las personas que la continuaran. En particular nos ha buscado a nosotros, para realizar esa misión tan hermosa.

COMPLETAR LO QUE FALTA A LA PASIÓN DE CRISTO

Supongamos que llevamos una vida piadosa, practicamos las virtudes y procuramos hacer todo el bien que está en nuestra mano; pero si en nuestros corazones no late un deseo de entrega total, de un ofrecimiento constante al Padre, nuestro destino y vocación no quedarían aún cumplidos. Formaremos un jardín precioso, donde habrá muchas flores, pero sin el perfume; el perfume que Jesús quiere encontrar en nuestros corazones es de incienso y mirra: de amor, alabanza y entrega total.

Escuchemos —dice san Pedro Crisólogo— lo que nos dice el Apóstol: «Os exhorto a presentar vuestros cuerpos». Al rogar así, el Apóstol eleva a todos los hombres a la dignidad del sacerdocio: A presentar vuestros cuerpos como hostia viva. Oh inaudita riqueza del sacerdocio cristiano: ¡el hombre es, a la vez, sacerdote y víctima! El cristiano ya no tiene que buscar fuera de sí la ofrenda que debe inmolar a Dios: lleva consigo y en sí mismo lo que va a sacrificar a Dios. Procura, pues, ser tú mismo el sacrificio y el sacerdote de Dios. No desprecies lo que el poder de Dios te ha dado y concedido. Revístete con la túnica de la santidad, que la castidad sea tu ceñidor, que Cristo sea el casco de tu cabeza, que la Cruz defienda tu frente, que en tu pecho more el conocimiento de los misterios de Dios, que tu oración arda continuamente, como perfume de incienso: toma en tus manos la espada del Espíritu, haz de tu corazón un altar, y así, afianzado en Dios, presenta tu cuerpo al Señor[19].

Cuando el Señor derriba a Saulo de Tarso en el camino de Damasco, le pregunta: «Saulo, ¿por qué me persigues?»[20]. No dijo: «¿Por qué persigues a mi Iglesia?, ¿por qué persigues a mis

---

[19] San Pedro Crisólogo, *Sermo* 108 (Oficio de lecturas del lunes IV de Pascua).
[20] Hech 9, 4.

hermanos?»; sino «¿por qué me persigues a *Mí*?».
Saulo, persiguiendo a los cristianos, perseguía a
Jesús; ¡tan identificado está Él con nosotros! De
la misma manera, cuando cualquier cristiano
sufre, sufre Jesús; cuando alguno padece el martirio, Jesús es el que se ofrece completamente. Y
así Jesús se inmoló en Esteban cuando fue ape-
dreado, y en san Lorenzo cuando fue quemado
vivo en la parrilla. En todos los martirios, Jesús
es quien se inmola. En todos los cristianos Jesús es
el pobre, el que llora, el perseguido y el que tra-
baja por la paz.

Si no hay unión con Él, nuestros sufrimientos
no tienen ningún valor, ni mérito sobrenatural, ni
mucho menos tienen carácter sacerdotal. Porque
dice el Apóstol: «Si entregara mi cuerpo a las lla-
mas y sufriera el martirio, pero no tuviera caridad,
nada soy»[21]. La caridad es la que nos une con Jesús.
Si no tengo caridad, me falta la unión con Cristo;
y si no estoy unido a Cristo nada soy. Mis dolores
son inútiles y estériles, pues el sufrimiento, como
tal, no tiene valor por sí mismo, ha sido el Señor el único capaz de dotarlo de sentido. De esta
manera, además le damos toda la gloria a Dios,
pues le permitimos continuar su Pasión y nosotros recibimos de Él el valor fecundo de nuestra

---

[21] 1 Cor 13, 1-3.

propia entrega. Todo cristiano en gracia está unido a Dios, vive en su caridad y puede completar lo que falta a la Pasión de Cristo.

Al contemplar ese primer ofrecimiento de Cristo en el Templo, llevado por María y José, entendemos mejor nuestra ofrenda en este nuevo Templo de Dios que es su Iglesia, pues «las oblaciones continúan en vigor ahora como antes: el antiguo pueblo de Dios ofrecía sacrificios y la Iglesia los ofrece también. Lo que ha cambiado es la forma de la oblación, los que se ofrecen no son ya siervos, sino hombres libres. Por esto los antiguos hombres debían consagrarle los diezmos de sus bienes; pero nosotros, que ya hemos alcanzado la libertad, ponemos al servicio del Señor la totalidad de nuestros bienes, dándolos con libertad y alegría, aun los de más valor, pues lo que esperamos vale más que todos ellos; echamos en las ofrendas del Templo de Dios todo nuestro sustento, imitando así el desprendimiento de aquella viuda pobre del evangelio. Se trata de presentar nuestra ofrenda a Dios y procurar serle gratos en todo. Esta oblación pura solo la Iglesia la puede ofrecer al Creador, devolviéndole el fruto de su creación. Le ofrecemos, en efecto, lo que es suyo, significando con nuestra ofrenda nuestra mutua comunión, y proclamando nuestra fe en la resurrección de la carne y del espíritu. Pues del mismo modo que el pan, fruto de la tierra, cuando recibe la invocación divina, deja de ser pan común y corriente y se convierte en eucaristía, compuesta de dos realidades, terrena y celestial, así también nuestros cuerpos, cuando reciben la eucaristía, dejan ya de ser corruptibles, pues tienen la esperanza de la resurrección»[22].

A pesar de tanto mal y tanta tragedia, deberíamos descubrir cómo nuestro mundo está lleno de bondad; sobre todo, existe en él algo que lo hace sumamente amable: el sufrimiento redentor de Dios por amor al hombre. «Esta sobreabundante muestra de amor y de gracia no es meramente la mayor historia jamás contada; es la mayor historia que *podría ser* contada»[23]. Y mientras se siga celebrando la santa misa en cualquier lugar de la tierra hay esperanza, porque Dios sigue presente en el mundo y sigue llevando a cabo su obra de redención.

Ojalá descubramos cada vez más la grandeza del culto en el que participamos los católicos, y

---

[22] San IRENEO DE LYON, *Contra las herejías,* Libro 4, 18, 1-2. 4. 5.

[23] Josemaría CARABANTE, "Alvin Plantinga, defensor del teísmo", en www.aceprensa.com/firmantes/josemaria-carabante/, 10 de septiembre de 2018.

apreciemos la celebración de la Eucaristía con un amor más consciente. En ese momento estamos contemplando y viviendo un acto prodigioso. En él se hace presente el sacrificio en la Cruz, aunque el efecto ahora en las almas es distinto al de entonces, pues ahora experimentamos el principal fruto de la redención: la vida nueva en Cristo glorioso, resucitado. Si los cristianos llegamos a superar la visión de la misa como un simple ritual obligatorio, encontraremos en ella el sentido más grande de nuestra existencia, participaremos siempre con más entusiasmo, y entenderemos que lo mejor que podemos hacer en la misa es entregarnos completamente, dejando nuestra vida entera en manos de Dios, con la máxima alegría.

EL DESPRENDIMIENTO
DE LOS SERES QUERIDOS

Sus padres iban todos los años a Jerusalén para la fiesta de la Pascua. Y cuando tuvo doce años, subieron a la fiesta, como era costumbre.

Pasados aquellos días, al regresar, el niño Jesús se quedó en Jerusalén sin que lo advirtiesen sus padres. Suponiendo que iba en la caravana, hicieron un día de camino buscándolo entre los parientes y conocidos, y al no encontrarlo, volvieron a Jerusalén en su busca. Y al cabo de tres días lo encontraron en el Templo, sentado en medio de los doctores, escuchándoles y preguntándoles. Cuantos lo oían quedaban admirados de su sabiduría y de sus respuestas. Al verlo se maravillaron, y le dijo su madre: «Hijo, ¿por qué nos has hecho esto? Mira que tu padre y yo, angustiados, te buscábamos».

Y él les dijo: «¿Por qué me buscabais? ¿No sabíais que es necesario que yo esté en las cosas de mi Padre?».

Pero ellos no comprendieron lo que les dijo (Lc 2, 41-50).

«¿Dónde está Jesús? —Señora: ¡el Niño!... ¿dónde está?

Llora María. —Por demás hemos corrido tú y yo de grupo en grupo, de caravana en caravana: no le han visto. —José, tras hacer inútiles esfuerzos por no llorar, llora también... Y tú... Y yo.

Yo, como soy un criadito basto, lloro a moco tendido y clamo al cielo y a la tierra..., por cuando le perdí por mi culpa y no clamé.

Jesús: que nunca más te pierda... Y entonces la desgracia y el dolor nos unen, como nos unió el pecado, y salen de todo nuestro ser gemidos de profunda contrición y frases ardientes, que la pluma no puede, no debe estampar.

Y, al consolarnos con el gozo de encontrar a Jesús —¡tres días de ausencia!— disputando con los Maestros de Israel (Lc, II, 46), quedará muy grabada en tu alma y en la mía la obligación de dejar a los de nuestra casa por servir al Padre Celestial»[1].

SOLO EL EVANGELISTA san Lucas ha recogido este suceso que habrá quedado tan grabado en el corazón de María. Este es el único relato que rompe el silencio de los Evangelios sobre el período de la vida de Jesús denominado *la vida oculta*.

---

[1] San Josemaría ESCRIVÁ, *Santo Rosario*, 5.º misterio gozoso.

Jesús compartió durante la mayor parte de su caminar terreno la condición de la inmensa mayoría de los hombres: una vida cotidiana sin aparente importancia, una vida de trabajo manual, de piedad religiosa y de observancia de la ley de Dios. La vida oculta de Nazaret permite a todos entrar en comunión con Jesús a través de los caminos más ordinarios de la existencia humana.

LAS LECCIONES DE NAZARET

Nazaret —dice san Pablo VI— es la escuela donde se comienza a entender la vida de Jesús: la escuela del Evangelio. Una lección de *silencio,* ante todo. De esta estupenda e indispensable condición del espíritu; en nosotros, aturdidos por tantos ruidos, tantos estrépitos, tantas voces de nuestra ruidosa e hipersensibilizada vida moderna. Silencio de Nazaret, enséñanos el recogimiento, la interioridad, la aptitud de prestar oídos a las buenas inspiraciones y palabras de los verdaderos maestros; enséñanos la necesidad y el valor de la preparación, del estudio, de la meditación, de la vida personal e interior, de la oración… Una lección de *vida familiar.* Que Nazaret nos enseñe lo que es la familia, su comunión de amor, su austera y sencilla belleza, su carácter sagrado e inviolable… Una lección de *trabajo.* Nazaret, casa del "Hijo del Carpintero", aquí es donde querríamos comprender y celebrar la ley redentora del trabajo humano, recomponer aquí la conciencia de la dignidad del trabajo[2].

En el silencio, en la familia, en el trabajo, en esas realidades que están presentes en la mayoría de los hombres de la tierra, empieza a realizarse el misterio de Dios que se entrega a los hombres y donde el hombre aprende a entregarse a Dios.

En Nazaret Jesús vivió sujeto a María y a José, cumpliendo con perfección el cuarto mandamiento del Decálogo.

Jesús obedece —escribe san Josemaría—, y obedece a José y a María. Dios ha venido a la tierra para obedecer, y para obedecer a las criaturas. Son dos criaturas perfectísimas: Santa María, nuestra Madre, más que Ella solo Dios; y aquel varón castísimo, José. Pero criaturas. Y Jesús, que es Dios, les obedecía. Hemos de amar a Dios, para así amar su voluntad y tener deseos de responder a las llamadas que nos dirige a través de las obligaciones de nuestra vida corriente: en los deberes de estado, en la profesión, en el trabajo, en la familia, en el trato social, en el propio sufrimiento y en el de

---

[2] De la homilía pronunciada por San Pablo VI en Nazaret, durante su viaje a Tierra Santa en enero de 1964.

los demás hombres, en la amistad, en el afán de realizar lo que es bueno y justo[3].

Hemos venido acompañando a la Virgen María desde que recibió el anuncio del ángel, cuando supo que el Niño que daría a luz era Dios, el Emmanuel, *Dios con nosotros*. Este fue el fundamento de la fidelidad de María a lo largo de toda su vida, aunque no incluyera en ese momento el conocimiento concreto de todos los sacrificios que Dios le iba a pedir, ni el modo como Cristo llevaría a cabo su misión redentora. Lo iría descubriendo mientras acompañaba y contemplaba la vida de su Hijo.

María y José se dieron cuenta de que la respuesta de Jesús entrañaba un sentido muy profundo, y no lo llegaban a entender. Pero lo fueron comprendiendo a medida que los acontecimientos de la vida de Cristo se iban desarrollando. La fe de ambos y su actitud de reverencia frente al Niño, los llevó a no preguntar más, y a meditar, como en otras ocasiones, las obras y palabras de Jesús. Así lo explica Juan Pablo II:

Ante la pregunta de su Madre: «Hijo, ¿por qué nos has hecho esto? Mira que tu padre y yo,

---

[3] San Josemaría Escrivá, *Es Cristo que pasa*, n. 17.

angustiados, te buscábamos», Jesús deja entrever el misterio de su consagración total a una misión derivada de su filiación divina: «¿Por qué me buscabais? ¿No sabíais que es necesario que yo esté en las cosas de mi Padre?» Revelando su misterio de Hijo, dedicado enteramente a las cosas del Padre, anuncia la radicalidad evangélica que, ante las exigencias absolutas del Reino, cuestiona hasta los más profundos lazos de afecto humano[4].

La vocación a una entrega total es una muestra de predilección por parte de Dios, pero exige la decisión de despegarnos de los afectos que fueron refugio para nosotros en la niñez y la fortaleza para madurar. Llega el momento de desplegar las alas y querer a nuestra familia de un modo nuevo: «Quien ama a su padre o a su madre más que a mí, no es digno de mí»[5]. Estas palabras de Cristo no entrañan ninguna oposición entre el primero y el cuarto mandamiento —amar a Dios sobre todas las cosas y amar a los padres—: simplemente señalan el orden que ha de guardarse.

------

[4] San Juan Pablo II, *Rosarium Virginis Mariae*, n. 20.
[5] Lc 10, 37.

De este hecho de la vida de Nuestro Señor deben sacar consecuencias tanto los hijos como los padres.

Los hijos, para aprender que, una vez formada una nueva familia por el matrimonio, no se puede anteponer el cariño a los padres a ese amor que Dios ha consagrado y ha convertido en vocación primordial.

Los padres deben recordar que los hijos son de Dios en primer lugar, y que por tanto Él tiene derecho a disponer de ellos, aunque esto suponga un sacrificio, heroico a veces.

Cuántos problemas en las familias tienen su origen en esa resistencia para permitir a los hijos que tomen libremente sus propias decisiones cuando llega el momento del matrimonio o cuando un hijo decide dejarlo todo por seguir a Cristo en una vocación de entrega plena del corazón.

San Josemaría Escrivá dejó escrito: «Me gustaría gritar al oído de tantas y de tantos: no es sacrificio entregar los hijos al servicio de Dios: ¡es honor y alegría!»[6]. Cuando un hijo toma la decisión de salir de su casa para seguir a Jesús,

[6] San Josemaría ESCRIVÁ, *Surco*, n. 22.

se puede tener la impresión de que los vínculos familiares se fracturan, se percibe esa separación más como un sacrificio que rompe algo en la familia y en los corazones de sus miembros. En realidad, aunque cuesta la separación física, los vínculos se fortalecen, porque el sacrificio que pide Dios trae consigo la bendición de pertenecer todos a una nueva familia sobrenatural. Los frutos de la entrega de un miembro de una familia se reparten generosamente y, tarde o temprano, se acaban encontrando todos de nuevo, con más fuerza que antes, en el Corazón de Jesucristo.

Con su respuesta, Jesús nos enseña que, por encima de cualquier autoridad humana, incluso la de los padres, está el deber primario de cumplir la voluntad de Dios, y que en ese cumplimiento está la plenitud de quien se entrega a la misión para la que fue creado. Cuando a los padres les cuesta ver *volar* a los hijos, o a los hijos salir del *nido* de la casa paterna y materna para emprender una nueva vida, les convendría recordar que esa realidad de vida no es solo una norma de desprendimiento, de pérdida de algo muy valioso, sino una ley de libertad para que la vida pueda tomar el rumbo previsto por Dios hacia lo que constituye nuestra vocación en esta tierra, y hacia el Cielo, nuestra patria definitiva.

«Cristo es exigente: pide todo. Lo que vale forzosamente cuesta, como el tesoro y la perla de gran valor. Así sucede con las bienaventuranzas. Siguiendo a Cristo, se lleva la Cruz, pero se recibe el gozo de una recompensa eterna»[7].

Hay que ser generosos y dejar hacer a Dios. De todas maneras, Él nunca se deja ganar en generosidad. Jesús ha prometido dar el ciento por uno en esta vida y luego la bienaventuranza eterna a quienes responden con decisión a su llamado, dejándolo todo.

No podemos imaginar la tristeza y angustia de María durante esos terribles días en los que no supo nada de Jesús. Las cosas que pasarían por su mente, la oración urgente que brotaría de su pecho lleno de dolor, las lágrimas de una madre que ha perdido su tesoro más preciado, el regalo de Dios más grande para Ella y para el mundo entero. Sin embargo, tres días después, el gozo incontenible del encuentro permite a la Virgen y a san José comenzar a comprender el plan trazado por Dios que esconde este suceso. Y cuando unos años después Jesús haya sufrido su Pasión y permanecido tres días en el sepulcro, la única llamita de esperanza en toda la Iglesia

---

[7] San Juan Pablo II, *Discurso a los jóvenes*, 8 de octubre de 1988.

naciente era precisamente el corazón de María, conocedora ya de ese dolor, de aquella ausencia de Cristo que fue el preámbulo de su encuentro con Él tras su resurrección. María estaba segura de que aquel sufrimiento tendría un final: un abrazo que evocaría aquel otro, rodeado de los Doctores del Templo, cuando había fundido su corazón con el de su Hijo, uniéndolos aún más.

LA ALEGRÍA DE ENCONTRAR A JESÚS DESPUÉS DE PERDERLO

La solicitud con que María y José buscan al Niño ha de estimularnos a buscar siempre a Jesús cuando lo hayamos perdido por el pecado. En realidad, todas las ausencias de los seres queridos quedan perfectamente suplidas, restañadas, con la presencia del único que puede llenar nuestros corazones y darnos la compañía radical y fiel: la de Jesús. Muchas penas y sentimientos de abandono, de falta de amor, se esfumarían al experimentar el perdón de Dios en una confesión humilde y contrita que nos abrace a Aquel que nos ama tanto, y que ha dado su vida por nosotros.

María y José anduvieron la jornada entera, preguntando a los parientes y conocidos. Pero, como no lo hallasen, volvieron a Jerusalén en su busca.

La Madre de Dios, que buscó afanosamente a su hijo, perdido sin culpa de Ella, que experimentó la mayor alegría al encontrarle, nos ayudará a desandar lo andado, a rectificar lo que sea preciso cuando por nuestras ligerezas o pecados no acertemos a distinguir a Cristo. Alcanzaremos así la alegría de abrazarnos de nuevo a Él, para decirle que no lo perderemos más[8].

LA MUERTE SOBRECOGE, PERO TIENE SENTIDO

La misma realidad del pecado ha provocado que la muerte entrara en la vida del hombre, y una de las consecuencias más dolorosas de la muerte es la separación de los seres queridos. En general, el duelo por los difuntos puede llevar bastante tiempo, en un proceso donde surgen preguntas sobre las causas de la muerte, sobre lo que se podría haber hecho, acerca de la experiencia de ese amigo o familiar en el momento previo a la muerte y de su destino eterno. Con un camino paciente de oración y de liberación interior, vuelve la paz al alma y se confía la vida de quienes amamos, abandonándola en las manos de Dios. En algún momento del duelo descubrimos que quienes hemos perdido un ser querido todavía tenemos una misión que cumplir, y que

---

[8] San Josemaría ESCRIVÁ, *Amigos de Dios*, n. 278.

no nos hace bien querer prolongar el sufrimiento, como si eso fuera un homenaje al difunto. En efecto, la persona amada no necesita en absoluto nuestro sufrimiento.

Nos consuela saber que no existe la destrucción completa de los que mueren, y la fe nos asegura que el Resucitado nunca nos abandonará. Aunque la separación nos duele, nuestro adiós no es definitivo, es un *hasta luego*. Los cristianos tenemos la fe que nos hace ver en la muerte solamente un paso más —el último— en el seguimiento de Cristo. Él también quiso morir, y dijo: «El que come mi carne y bebe mi sangre tiene vida eterna, y yo lo resucitaré en el último día»[9]. Quiere decir que llegará un día en el cual todos los hombres creyentes que se hayan unido a Él en esta vida por la comunión con su Cuerpo sacramentado, participarán en un banquete, en un encuentro festivo con Dios y los santos por toda la eternidad. Porque creemos en Jesucristo, muerto y resucitado, por eso podemos celebrar la muerte de los nuestros pidiendo por su eterno descanso, acompañándonos en familia y, cuando es posible, celebrando la Eucaristía. Así afrontamos la muerte los cristianos, ¡con una celebración! ¿No te parece

_____
[9] Jn 6, 54.

bello? La muerte es ocasión para una celebración de fe.

Cuando se trata de la muerte de un padre o de una madre, la muerte tiene unos rasgos especiales, deja un vacío grande. Al ver morir a quienes nos dieron la vida, algo muere también en nosotros. Se dice que ningún hombre deja de ser niño hasta que muere su padre. Hay mucha verdad en estas palabras, porque el fruto se muestra maduro cuando cae del árbol, cuando se desprende del tronco que le dio la vida. Pero de nuevo la fe nos invita a confesar que, con la muerte, no se pone punto final a la vida de nadie, porque el Señor Jesús resucitó, y con su resurrección venció a la muerte. Y esa muerte nuestra, participando de la suya, trae encerrada la promesa de una nueva vida.

La muerte de un hijo es aún más dolorosa, pues parece ir en contra de la naturaleza.

La pérdida de un hijo o de una hija es como si el tiempo se detuviera. La muerte es una bofetada a las promesas, a los dones y sacrificios de amor alegremente entregados a la vida que se ha hecho nacer. La muerte toca y cuando se trata de un hijo toca profundamente. Toda la familia queda como paralizada, muda. Sucede algo parecido cuando es el niño el que permanece solo, por la pérdida de uno de sus padres o de ambos. Esto conlleva que a veces se llega a echar la culpa a Dios. «¿Por qué me has quitado a mi hijo, a mi hija?». Es un gran dolor, pero en la Iglesia, con la gracia de su compasión donada en Jesús, muchas familias demuestran con los hechos que la muerte no tiene la última palabra: esto es un verdadero acto de fe[10].

No siempre la muerte de un ser querido produce el vacío total. Lo he podido constatar en familias que me han mostrado de un modo completamente vivo, real, el efecto de la gracia de Dios, que les hace superar el dolor de un modo maravilloso, dándole un sentido muy profundo y experimentando una paz imposible de conseguir con medios meramente humanos. Una de esas madres a las que me refiero ha "perdido" cinco hijos. En su fe y por el modo en que refiere esos duros momentos de su vida, he podido ver dónde está la seguridad que la ha mantenido llena de paz y consuelo: la conciencia de ser instrumento de Dios; que la vida de sus hijos ha sido un regalo para ella durante el tiempo que los ha tenido consigo; y la seguridad de que ellos, ya en el Cielo, están más cerca de ella que nunca: si bien

---

[10] Papa FRANCISCO, Audiencia, 17 de junio 2015.

físicamente no puede palparlos, es igualmente real la experiencia de su cercanía espiritual. Este y otros testimonios similares me han dejado una impresión muy profunda y conmovedora en mi labor sacerdotal.

También ocurre con frecuencia que la muerte del padre, de la madre o del hijo, queda en cierto modo compensada por una mayor intensidad del cariño mutuo que se profesan espontáneamente los seres queridos que aún permanecen. Se puede decir que el afecto depositado en el ser querido que se fue, se traspasa íntegramente a los que permanecen a nuestro lado, suavizando nuestra amargura y nuestro dolor.

Así quedó vivamente expresado en la meditación de la segunda estación del Viacrucis presidio por el papa Francisco el Viernes santo de 2020 en una plaza de san Pedro insólitamente vacía por la pandemia. Esta meditación fue compuesta por un matrimonio que sufrió el asesinato de una de sus hijas:

El tiempo no alivió el peso de la cruz que nos pusieron sobre los hombros, es imposible olvidar a quien hoy ya no está. Somos ancianos, cada vez más desvalidos, y somos víctimas del peor dolor que pueda existir: sobrevivir a la muerte de una hija.

Es difícil decirlo, pero en el momento en que parece que la desesperación toma el control, el Señor nos sale al encuentro de diferentes maneras, dándonos la gracia de amarnos como esposos, sosteniéndonos el uno al otro, a pesar de las dificultades. Él nos invita a tener abierta la puerta de nuestra casa al más débil, al desesperado, acogiendo a quien llama aunque solo sea por un plato de sopa. Haber hecho de la caridad nuestro mandamiento es para nosotros una forma de salvación, no queremos rendirnos ante el mal. En efecto, el amor de Dios es capaz de regenerar la vida porque, antes que nosotros, su Hijo Jesús experimentó el dolor humano para poder sentir ante el mismo la justa compasión[11].

Conozco personas de fe que ante la pérdida de un hijo o de una hija dan muestra patente de la ayuda de Dios en esos momentos. Alguna de esas personas me decía que había recibido frases de consuelo que, más que aliviar, hacían más dolorosa la herida. Pero algunas son como instrumentos del Espíritu Santo, capaces de dar esperanza porque ayudan a considerar la cercanía de Dios, que sufre con nosotros. Uno de los consejos que esta persona nunca olvidó, fue la

---

[11] Meditación a la 2.ª estación del Viacrucis presidida por el papa Francisco, 10 de abril de 2020.

de aquel amigo que le dijo: «Esto solamente lo sanarás con muchas horas delante del Santísimo…». Si en ese momento no lo comprendió en toda su hondura, con el tiempo se dio cuenta de la verdad de esas palabras. Dentro del tabernáculo, en ese estrecho recinto cerrado por una puertecita, iluminado con una lamparilla roja que señala su presencia real, reposa un Corazón que late por los que sufren, que ama especialmente a quien lo ha perdido todo, y que parece decir: «¡Venid a mí! Los agobiados por la carga, ¡yo os aliviaré! Os daré a beber de mi consuelo, como una madre acaricia a su hijo, así os acariciaré y os llevaré en mi regazo. Los que sufrís la pérdida id a Él, tomad con ambas manos vuestro corazón desangrado y desgarrado, llevadlo y colocadlo sobre sus rodillas, entre sus brazos, introducidlo en su Corazón, como un pajarillo que tirita se esconde bajo el hueco de las alas emplumadas de su madre…». Si los hombres no sabemos amar, veamos cómo nos ama Él.

Es verdad, se requiere mucho tiempo, muchas horas delante de la Eucaristía para darnos cuenta de esa cercanía amorosa de Dios en el dolor.

Los ladrones clavados al lado de Jesús estaban sufriendo el mismo suplicio. Uno de ellos se unió a Cristo como su salvador y el otro se rebeló con amargura: el primero recibió la paz y la entrada al paraíso, el segundo murió solo y sin esperanza. Quizá el buen ladrón no había hecho muchas cosas buenas en su vida, pero en esos momentos es humilde, reconoce su indignidad, cree, espera y, sobre todo, comparte su dolor con Jesucristo. Se vuelve compañero del mismo sufrimiento. Esta persona a la que me referí antes me compartió que en esos momentos es muy difícil "rezar", pues la cabeza da mil vueltas, es como si una ola te revolcara. A veces te da una tregua para respirar un poco, pero solo para revolcarte de nuevo poco después. Aunque no se puede rezar con la cabeza, sí se puede rezar con el cuerpo, y en eso encontró un gran consuelo. Se puede rezar con ese dolor, con esa tristeza, haciéndose pequeño y dejando en manos de Dios todo, con fe, con esperanza.

Incluso en el modo como sepultamos a los nuestros, expresamos nuestra fe. Recientemente incluso entre cristianos se ha vuelto común la costumbre de esparcir las cenizas del difunto en una montaña, en el océano, o en las raíces de un árbol recién plantado. Esto no corresponde a la fe que profesamos los cristianos pues, aunque reconocemos que el cuerpo se nos ha dado de los elementos terrestres, no creemos que la vida del hombre "vuelve" a la tierra cumpliendo un ciclo de vida que hay que cerrar, sino que ese cuerpo sin alma debe esperar el último día, cuando Nuestro Señor volverá, para resucitarnos. Nuestro cuerpo volverá a la vida para seguir el destino del alma, unido a ella por toda la eternidad. Por eso los primeros cristianos dejaron de llamar *necrópolis* (ciudad de los muertos) a sus lugares de sepultura, y comenzaron a llamarlos *cementerios* (dormitorios), porque esos lugares donde reposan los cuerpos de nuestros seres queridos, son lugares de reposo en espera de la resurrección. Ese modo de enterrar a nuestros difuntos expresa perfectamente nuestra fe y, mientras acompañamos sus cuerpos, los recordamos y rezamos por ellos.

ORAR POR LOS DIFUNTOS

Ante la pérdida de un ser querido, podemos tener una firme esperanza, y rezar para encomendar su alma. Si hay alguna deuda que nuestro hermano o hermana debe aún "saldar", si necesita aún purificarse ante el trono de Dios antes de pasar a gozar del banquete celestial, nosotros desde aquí podemos ayudarle con nuestra oración. Son plegarias que llegan directamente al Corazón misericordioso de Jesús y que en el alma de los difuntos producen una mejor y más pronta purificación. Por eso la oración por los difuntos es una obra de misericordia, de las más grandes que podemos ofrecer a Dios. Podríamos decir que se conmueve tanto el Corazón amoroso de Jesús cuando escucha nuestras plegarias que le "obligamos" a concederles inmediatamente las gracias para entrar a gozar del amor del Cielo.

Con nuestros difuntos nos siguen uniendo lazos de amor. No se interrumpen por la muerte, sino que se refuerzan por la fe, el cariño verdadero y nuestras oraciones. En una ocasión, una niña pequeña me preguntó si los que mueren son como ángeles que nos cuidan desde el Cielo. No dudé en responderle afirmativamente, y se maravillaba. Pero hay algo que a veces se nos olvida y es igualmente maravilloso: al rezar por ellos, les ayudamos a salir antes del purgatorio; para ellos ha terminado el tiempo de hacer méritos sobrenaturales, pero la bondad de Dios es tan grande, que permite que nosotros consigamos esos méritos de su parte, y así ¡también nosotros nos convertimos en ángeles para ellos!

Qué bien queda expresado en esta reflexión que no puedo dejar de compartirte:

Rezar es abrir tu alma a la persona con la que rezas. Y es una declaración de amor por la persona que tienes en tus rezos. Es derramar tu cariño sobre los que más quieres y sentir el cariño de los que rezan por ti. Rezar por alguien y que recen por ti es mucho más que estar solo en su memoria. ¡Es la mayor aspiración que uno puede tener en la vida!, un privilegio inmenso. Es querer tanto a alguien como para rezar por él, y que alguien te quiera tanto como para rezar por ti. ¿Cabe mayor orgullo? ¿Existe mayor plenitud que la de saber que hay una madre, un hermano, un hijo o un amigo que quiere que Dios te proteja, y te dé salud, y te ilumine, y te ayude, y te acompañe, y esté siempre contigo?

Rezar es decir "rezaré por ti" y, también, "reza por mí". Y es, por tanto, lo contrario a la vanidad. Rezar es la aceptación de tus limitaciones. Es aprender a resignarse cuando lo que pudo ser no ha sido. Es vivir sin rencor, aprender a olvidar, aceptar la derrota con dignidad y celebrar el triunfo con humildad. Rezar es resignación cuando procede, pero también arrebato y pundonor cuando toca. Es buscar las fuerzas si no se tienen y confiar en que las cosas van a ser como deberían ser. Rezar es optimismo, no dar nada por perdido, luchar y resistir, como en la canción, erguido frente a todo, y es mi padre antes de morir. Rezar es fragilidad y entereza.

Rezar es curar las heridas, restañar los arañazos, superar el daño que te han hecho. Pasar página y empezar de cero. Perdonar las ofensas y también pedir perdón. Y sobre todo tener gratitud. Rezar es dar las gracias por vivir y por lo que la vida te ha dado. Es despertarse con las ilusiones renovadas. Aferrarse desesperadamente a lo inmaterial. Acordarse de lo que de verdad importa, y relativizar todo lo demás. Es establecer las prioridades, poner en orden los papeles de tu mesa, buscar la trascendencia, pensar a lo grande.

Rezar es desconectar y apagar el móvil. Es introspección en la sociedad del exhibicionismo. Es relajarse y calmar los nervios. Y prepararse mentalmente para lo que ha de venir. No es solo buscar el coraje, sino también la inspiración, la idea, el enfoque, la luz, el claro en medio de la espesura. Rezar es tener fe. Tener fe en la vida, en las personas, en tus amigos, en tus hijos, en tus padres, en Dios. Rezar es la maestría de niños y abuelos. Y es un súper poder que nos predispone al bien. Rezar es creer y ser practicante de un mundo mejor[12].

Orar por los difuntos decía, es una de las obras de misericordia ¡y de las más grandes! Además, como afirma el papa Francisco, «rezando juntos en familia y con fe, impedimos que la muerte "envenene" nuestra vida, que haga vanos nuestros sentimientos, que nos haga caer en un vacío

---

[12] Miguel Ángel ROBLES, *Reza por mí*, Artículo publicado en *ABC de Sevilla*, 11 de marzo de 2018.

oscuro. Rezando juntos podemos estar seguros de que nuestros seres queridos no han desaparecido en la oscuridad de la nada: la esperanza nos asegura que ellos están en las manos buenas y fuertes de Dios»[13].

CUANDO LA MUERTE CLAVA SU AGUIJÓN

Con la luz de la fe, los cristianos vemos de un modo distinto la muerte, porque es verdad que es distinta desde que Cristo la venció, despojándola de su veneno, ¡convirtiéndola nada menos que en vida!: «Si el grano de trigo cae en tierra y muere, produce mucho fruto»[14] dijo Jesús, y con su muerte produjo ese cambio radical. «¿Dónde está, oh muerte, tu aguijón? ¿Dónde, oh sepulcro, tu victoria?»[15].

La muerte del Hijo de Dios fue la derrota definitiva para el demonio y sus planes. «El Verbo de Dios se hizo hombre perfecto a fin de provocar, con la vista del manjar de su carne, la voracidad insaciable y ávida del dragón infernal; y abatirlo por completo cuando ingiriera una carne que habría de convertírsele en veneno,

---

[13] Papa FRANCISCO, Audiencia general del 17 de junio de 2015.
[14] Cfr. Jn 12, 24.
[15] 1 Cor 15, 55.

porque en ella se hallaba oculto el poder de la divinidad»[16].

La primera consecuencia de la muerte, cuando entró en el mundo como castigo del pecado, es la separación. Es lo que más nos duele en un primer momento, la separación de aquellos que amamos, el saber que no podremos tenerlos más con nosotros en esta tierra. Pues bien, Nuestro Señor ha vencido la muerte con su muerte, porque convierte la separación en *comunión*. Gracias a su muerte nosotros podemos acceder a Él a través de los sacramentos, nacidos precisamente de su pecho abierto en la Cruz. Gracias a su muerte, el abismo inabarcable entre vivos y muertos ha quedado colmado, y podemos vivir en relación. Esta es la realidad de la *comunión de los santos*. Nosotros también vencemos la muerte cuando nos sumergimos por el bautismo en la muerte de Cristo, y entramos en la familia de los santos, donde podemos estar en comunión con nuestros hermanos difuntos de una manera distinta, pero real.

En la oscuridad impenetrable de la muerte Él entró como luz; la noche se hizo luminosa como

---

[16] San Máximo Confesor, *Centuria 1*, 8-13: lectura del oficio del sábado del tiempo de Navidad.

el día, y las tinieblas se volvieron luz. «He resucitado y ahora estoy siempre contigo», nos dice a cada uno de nosotros. Mi mano te sostiene. Dondequiera que tú caigas, caerás en mis manos. Estoy presente incluso a las puertas de la muerte. Donde nadie ya no puede acompañarte y donde tú no puedes llevar nada, allí te espero yo y para ti transformo las tinieblas en luz.

En el Bautismo nos abandonamos nosotros mismos, depositamos nuestra vida en sus manos, de modo que podamos decir con san Pablo: «Vivo yo, pero no soy yo, es Cristo quien vive en mí». Si nos entregamos de este modo, aceptando una especie de muerte de nuestro yo, entonces eso significa también que el confín entre muerte y vida se hace permeable. Tanto antes como después de la muerte estamos con Cristo y por esto, desde aquel momento en adelante, la muerte ya no es un verdadero confín[17].

La segunda consecuencia venenosa de la muerte es que habiendo entrado en la vida de los hombres como castigo por el pecado[18], Nuestro Señor la convierte en un *sacrificio voluntario*. Despoja a la muerte de su poder punitivo, pues

---

[17] BENEDICTO XVI, Homilía en la vigilia pascual, 7 de abril de 2007.
[18] Cfr. Gen 2, 16-17.

Él ya pagó todo lo debido por nuestros pecados. La muerte ya no puede ser un castigo para nosotros. También podemos participar de esa victoria asociándonos moralmente a la muerte de Cristo, esforzándonos en la lucha contra el pecado, haciendo morir su poder en nuestra vida, especialmente con las "mortificaciones", esos pequeños sacrificios voluntarios que nos hacen de verdad *morir* a nosotros mismos para nacer continuamente a la vida sobrenatural, la vida del Espíritu.

Por último, la tercera realidad de la muerte que Cristo venció con la suya, es el hecho de que la muerte trae consigo corrupción. Un cuerpo muerto indefectiblemente sufre la descomposición, pero no así el alma. El sacrificio de Cristo ha convertido la corrupción en *vida*. El Señor vence la muerte resucitando a una vida nueva sin permitir que su cuerpo se corrompa. Nosotros también, participando de la muerte de Cristo muriendo físicamente como Él, caeremos en la tierra como grano de trigo, con la esperanza de que brotará una vida nueva, gloriosa, eternamente feliz.

La muerte nos interpela

Para llegar a gozar de nuevo de la reunión con nuestros seres queridos, hemos de tomarnos en

156

serio nuestro papel en esta vida. Y, sobre todo, para llegar a Dios, para sumergirnos en el océano de su amor —que eso es el Cielo—, hay que estar preparados.

Al rezar por nuestros difuntos es lógico pensar en nuestra propia muerte y, si la aceptamos, podemos prepararnos. El camino es crecer en el amor a Dios y a los que caminan con nosotros. Ejercitarnos en la caridad, en el amor al prójimo, es un mandamiento de Jesús para sus discípulos y también un modo de prepararnos para reencontrar a los seres queridos que murieron y están ya en el Cielo.

Un amigo se ha certificado en la disciplina del buceo y me ha contado todo lo que ha debido hacer para conseguirlo: mucho estudio, muchas horas de ejercicios físicos, de entrenamientos, un equipo especial, y todo ¡para vivir debajo del agua unos minutos! Imaginemos cómo deberíamos entrenarnos para sumergirnos en el Cielo, no por unos instantes sino ¡por toda la eternidad!

Para zambullirse en el mar hay que aprender a nadar. Para sumergirnos en el amor, ¡hay que aprender a amar! «Seremos examinados sobre el amor», decía san Juan de la Cruz[19]. Y con un

---

[19] San JUAN DE LA CRUZ, *Dichos de amor y de luz*, n. 59.

Dios tan cercano como el nuestro, ¿cómo no amarle?, ¿cómo podríamos sentarnos a la mesa con el Padre, si en esta vida no hemos cultivado la amistad y la relación personal con Él?, ¿cómo podría Él servirnos personalmente a la mesa, si antes nosotros no hubiéramos querido servirle en cada uno de los hermanos?, ¿cómo íbamos a pedirle que compartiera su felicidad con nosotros, si no nos esforzáramos por compartir las penas y las alegrías con Él y con todos los hombres?

Entendemos mejor que «el verdadero cristiano está siempre dispuesto a comparecer ante Dios. Porque, en cada instante —si lucha para vivir como hombre de Cristo—, se encuentra preparado para cumplir su deber»[20].

«El amor no pasará nunca», dice el Espíritu Santo[21]. El amor, el servicio y entrega a los demás es lo único permanente, lo único que no se pierde y es capaz de traspasar el umbral de la muerte. Incluso la experiencia de cada día nos lo confirma. ¿Qué nos queda de las personas que recordamos, con quienes hemos vivido alguna vez, estrechamente unidas en la vida, y ahora han muerto o están lejos? Nos queda el amor que hemos recibido de ellas, el bien

---

[20] San Josemaría Escrivá, *Surco*, n. 875.
[21] 1 Cor 13, 8.

que nos han hecho y el que hemos procurado nosotros para ellas.

El amor queda, no pasará nunca.

ENTREGARNOS COMO HIJOS

Nuestro Señor Jesucristo no se glorificó a sí mismo,

> sino que fue Dios quien le dijo: *Tú eres mi Hijo, yo te he engendrado hoy,* como también dice en otro lugar: *Tú eres sacerdote para siempre, según el orden de Melquisedec.* Y Cristo, en los días de su vida terrena, ofreció ruegos y súplicas con gran clamor y lágrimas al que lo podía librar de la muerte, y fue oído a causa de su temor reverente. Y, aunque era Hijo, a través del sufrimiento aprendió lo que es la obediencia; y habiendo sido perfeccionado, vino a ser autor de eterna salvación para todos los que lo obedecen y Dios lo declaró Sumo sacerdote según el orden de Melquisedec[22].

Este pasaje de la Carta a los Hebreos arroja una luz poderosísima a nuestras almas: tú y yo, por ser cristianos, podemos ofrecernos también al Padre, precisamente porque somos hijos suyos en Cristo. El Dios al que nos ofrecemos es

---

[22] Heb 5, 5-10.

nuestro Padre. No es un salto al vacío. Es lanzarnos para ser recibidos en sus brazos fuertes de Padre, siempre atento, que no despega sus ojos de nosotros. Es una ofrenda filial, como la de Cristo al Padre.

La filiación divina conlleva la entrega confiada y serena en las manos de un Padre amoroso, infinitamente bueno, y por eso se trata de una entrega gozosa. La entrega total es posible en las almas maduras, y a eso debemos dirigirnos todos los cristianos, a madurar nuestra vocación y gozar en el abandono más que en nuestros logros. El alma madura espiritualmente es la que llega a *saborear* la entrega, porque ha sido capaz de hacerse ofrenda. Solamente el que reconociendo su pecado vuelve en sí, como el hijo pródigo, puede hacer el propósito desde el fondo de su alma: «Me levantaré e iré a mi padre, y le diré: Padre, he pecado contra el cielo y contra ti. Ya no soy digno de ser llamado tu hijo; trátame como a uno de tus jornaleros»[23], y en ese momento recupera la dignidad perdida y se pone en marcha hasta el encuentro con su Padre, fundiendo ambos corazones en un abrazo restaurador.

Esta entrega total como hijos es posible para nosotros porque así lo hizo Cristo, quien se

---

[23] Lc 15, 18-19.

entregó por nosotros totalmente, en cuanto que es *el Hijo*, y Dios Padre le pidió darse del todo, precisamente porque es *su Hijo*. La plenitud de la filiación divina es la madurez del hijo que está dispuesto a darse a su Padre. A lo largo de la historia se ha identificado a Isaac, el hijo de Abraham a quien Dios pide que lo sacrifique, como figura de Cristo, el Hijo de Dios por naturaleza:

Abrahán tomó la leña para el sacrificio, se la cargó a su hijo Isaac, y él llevaba el fuego y el cuchillo. Los dos caminaban juntos. El hecho de que llevara Isaac la leña de su propio sacrificio era figura de Cristo, que cargó también con la Cruz; además, llevar la leña del sacrificio es función propia del sacerdote. Así, pues, Cristo es, a la vez, víctima y sacerdote. ¿Qué es lo que sigue? *Isaac* —continúa la Escritura— *dijo a Abrahán, su padre: «Padre».* Esta es la voz que el hijo pronuncia en el momento de la prueba. ¡Cuán fuerte tuvo que ser la conmoción que produjo en el padre esta voz del hijo, a punto de ser inmolado! Y, aunque su fe lo obligaba a ser inflexible, Abrahán, con todo, le responde con palabras de igual afecto: *«Aquí estoy, hijo mío».* El muchacho dijo: »*Tenemos fuego y leña, pero, ¿dónde está el cordero para el sacrificio?».* Abrahán contestó: *«Dios proveerá el cordero para el sacrificio, hijo mío».* Resulta conmovedora la cauta respuesta de Abrahán. Algo debía prever en espíritu, ya que dice, no en presente, sino en futuro: Dios proveerá el cordero; al hijo que le pregunta acerca del presente le responde con palabras que miran al futuro. Es que el Señor debía proveerse de cordero en la persona de Cristo. *Abrahán tomó el cuchillo para degollar a su hijo; pero el ángel del Señor le gritó desde el cielo:* «¡Abrahán, Abrahán!». *Él contestó:* «Aquí me tienes». *El ángel le ordenó:* «No alargues la mano contra tu hijo ni le hagas nada. Ahora sé que temes a Dios». Comparemos estas palabras con aquellas otras del Apóstol, cuando dice que Dios *no perdonó a su propio Hijo, sino que lo entregó por todos nosotros.* Ved cómo Dios rivaliza con los hombres en magnanimidad y generosidad. Abrahán ofreció a Dios un hijo mortal, sin que de hecho llegara a morir; en cambio Dios entregó a la muerte por todos al Hijo inmortal.[24]

RELACIÓN DE HIJOS MADUROS

Nuestra relación con Dios tiene aspectos que pueden percibirse como signos, como reflejos de las relaciones entre padres e hijos. El niño al nacer ve a su madre como extensión de sí mismo, hay una absoluta dependencia a ella. Poco a poco, decepción tras decepción, comienza a darse cuenta de que su madre es un ser distinto

---

[24] ORÍGENES, Homilía sobre el Génesis, 8, 6.8.9.

a él, y hay una transformación en su relación: de un amor de necesidad, interesado, se pasa a un amor de entrega. El niño empieza a querer dar gusto a su madre, le gusta verla feliz, y poco a poco hay una relación de devolver los cuidados y el afecto que la madre tuvo con él. En la vida espiritual sucede algo similar con Dios. Nuestra relación con Él va por etapas muy marcadas que Él mismo tiene a veces que provocar, porque para nosotros es un obstáculo querer detenernos en un tipo de relación en la que nos encontramos a gusto, pero que no nos hace crecer en el amor a Dios. Corremos el peligro de estar buscándonos a nosotros mismos y no a Él.

Es un camino de maduración largo, en un tiempo corto: a los ojos de Dios nuestra vida es un instante y por eso puede parecernos que Dios tiene demasiada prisa y usa modos un tanto rudos a nuestra sensibilidad. Así es, Dios tiene prisa en ser cada vez más amado, aprieta el paso, nos hace dar un vuelco a nuestra vida. Puede sobrevenir incomodidad, contrariedad, dolor. Experimentamos un despojo, una pérdida, aunque lo que Dios nos ofrece es una realidad mucho mejor. Leía hace poco en un mural público la siguiente inscripción que me hizo sonreír: *Si es un poco locura, supera tus capacidades, te da algo de vértigo y suena a difícil de conseguir, ¡felicidades!*

Es probable que hayas encontrado lo que Dios quiere de ti.

Para gozar de una música nueva, hace falta disciplina, y renunciar a la anterior, a la que estamos acostumbrados. Durante un paseo de montaña, nos detenemos a contemplar un paisaje y nos quedamos extasiados, aun cuando sabemos que la marcha debe continuar: nos gustaría permanecer ahí indefinidamente. Solamente nos movemos cuando quienes nos acompañan se disponen a seguir adelante. Dios en ocasiones *se adelanta*, para animarnos a seguir subiendo. No lo hace para quitarnos de los ojos esa vista espléndida, sino para llevarnos a un lugar más alto; sabe que desde ahí tendremos una relación con Él más bella y profunda, donde nos hará oír una música nueva y nos mostrará un panorama aún más imponente. Lamentablemente, a menudo nosotros no entendemos o no queremos entender su lenguaje de amor.

Dios tiene prisa, y actúa muchas veces como los padres de la tierra. Todos hemos visto cómo algunos, para animar a sus hijos a ponerse en marcha, si rechistan porque están distraídos en sus juegos, los fuerzan o incluso los arrastran; otros padres hacen ademán de irse, y simulan una despedida: «¡Adiós! ¡Me voy...!». ¿Es que los que así actúan son padres desnaturalizados, que abandonan a

164

sus hijos? A nadie se le ocurre pensar eso. Se trata de un modo de llamar la atención, de suscitar el amor y provocar la respuesta libre del hijo. Este finalmente deja sus juegos, se desprende de lo que le distraía, con tal de no quedarse sin la compañía de sus padres. Desgraciadamente hay personas que al experimentar a ese Dios que emprende la marcha, se quedan ahí, incapaces de seguir su ritmo. Solos.

Hay otros que, al sentirse abandonados, guardan silencio para escuchar la voz del Padre. Conocen hacia dónde deben dirigirse para alcanzarlo; tras orar y percibir la presencia de Dios, se ponen en marcha y le encuentran rápidamente, para emprender un nuevo camino juntos. Quienes no saben guardar silencio, quienes se asustan quizás, se echan a correr y a gritar, pero no hacia donde esta Dios, sino hacia otros caminos, quizás el trabajo, el ruido, la fiesta, realidades que aturden y les hacen olvidar la soledad que ya experimentan. Y hay otros, que dan más pena, que ven la oportunidad de *deshacerse* de Dios. Es tremendo, pero también sucede: personas que toman como pretexto un momento de dolor, para soltarse de la mano de Dios, darle la espalda, tratando de justificar aquello que en el fondo ha sido siempre su aspiración: llevar una vida sin compromiso, sin fidelidad, exaltando una libertad convertida en libertinaje, y poniendo a Dios en el banquillo de los acusados. ¡Dios es el culpable! A Dios es a quien hay que juzgar, reclamar y castigar; y la mejor manera de hacerlo es, dramáticamente, con la indiferencia, olvidándose de Él.

Hay otra actitud: la de quienes sintiéndose con miedo y sin fuerzas, saben que Dios les está concediendo la oportunidad de confiar y amarle en la oscuridad, en el abandono, en el silencio. Lo reconocen intuyendo su presencia: ¡Ahí está Él!, así juegan también los padres con sus hijos, escondiéndose detrás de una pared o de un árbol para provocar la búsqueda del pequeño, hasta que este lo encuentra y entonces se funden en un abrazo consolador. Dios es un Padre, y cuando se esconde es para que lo busquemos y lo encontremos, pues nos quiere llevar a la felicidad, a la luz, ¡a la vida eterna!

JESÚS ESTARÁ SIEMPRE VIVO

No desaprovechemos esas oportunidades que Dios nos da para demostrarle que creemos en Él, que confiamos en su amor. Podemos pedirle que se quede con nosotros, *mane nobiscum Domine*, como hicieron los discípulos de Emaús:

Cuando al llegar a aquella aldea Jesús hace ademán de seguir adelante, los dos discípulos le detienen y casi le fuerzan a quedarse con ellos. Le reconocen luego al partir el pan: ¡El Señor ha estado con nosotros!, exclaman. Entonces se dijeron uno a otro: «¿No es verdad que sentíamos encenderse nuestro corazón, mientras nos hablaba por el camino, y nos explicaba las Escrituras?». Inmediatamente después recobran las fuerzas y van corriendo a Jerusalén, llenos de alegría. Para recuperar las fuerzas, encontrar el sentido de nuestro sufrimiento y olvidarnos de él para seguir adelante, es necesario que Jesús se quede y nos alimente con su Cuerpo y su Sangre. La Eucaristía es el alimento necesario para no perdernos, es lo que mantiene viva la esperanza y enciende nuestros corazones para aprender a amar de un modo nuevo. Cuidemos la misa, amemos la misa, seamos eucarísticos, y tendremos plenitud, felicidad y entusiasmo para seguir adelante[25].

Al terminar de meditar los misterios de gozo, pidamos a Dios que nos ayude a ser cada vez más conscientes de que en esta vida nada es para siempre, que vale la pena entregarlo todo.

Amores vienen, amores van... Dios fue, es y será el único que permanecerá a nuestro lado

---

[25] San Josemaría ESCRIVÁ, *Es Cristo que pasa*, n. 105.

cuando todos se hayan marchado. Al final también para nosotros llegará el tiempo de partir, porque no hay nada permanente e inamovible, y lo único que en realidad existe para cada uno es el "ahora". Solo "ahora" podemos amar y disfrutar de lo que tenemos. Y entonces, a ejemplo de Cristo, trataremos de vivir el desprendimiento como un estilo de vida.

EPÍLOGO

Los MISTERIOS DEL ROSARIO siguen las huellas
de la vida de Cristo: misterios de gozo, de
dolor, de gloria y de luz. En ellos podemos ver
que, para Jesús, el ofrecimiento no fue un acto
aislado sino la constante de su vida. El Tabor fue
un momento, un relámpago pasajero; pero su
estado de inmolación fue el fondo de su vida entera. La misma existencia de Cristo apuntaba a la
Cruz, pero su ofrecimiento al Padre duró treinta
y tres años. Todo lo que hizo y vivió lo convirtió
en ofrenda agradable; no hizo más que repetir las
palabras que nos refiere san Pablo: «Heme aquí
Señor, que vengo a hacer tu voluntad»[1].

Para nacer, Jesús prefirió la manera más dolorosa. Incluso parece forzado el modo en que
quiso nacer: cualquiera, hasta los más pobres,
nacen en una choza, pobre, desmantelada, pero

---

[1] Heb. 10, 7-9.

propia. Nuestro Señor eligió un pesebre, un lugar para animales, y nació en invierno. Todo parecía diseñado para sufrir más. Y durante su infancia, y su vida oculta, aunque fue la época más tranquila, encontramos por todas partes el sello del sufrimiento. De niño quiso ser perseguido por Herodes. Un hombre rico cuando huye, usa medios: Jesús huyó como los pobres, sin comodidades. Dios sabrá qué desprecios sufriría en Egipto la Sagrada Familia, como migrantes, advenedizos de extrañas costumbres y distinta cultura.

Durante su vida pública tenía que tratar con quienes no sintonizaban con su mensaje, gente con el corazón embotado por el orgullo. Él, tan amable, tan educado y paciente, convivió con aquellos hombres rudos y egoístas que se movían con miras terrenas. Vivió tres años luchando con sus enemigos e incluso con sus mismos discípulos, y aún con sus mismos compatriotas y parientes, que lo tildaban de extravagante y desquiciado, amigo de pecadores. Toda la vida de Jesús fue un enfrentamiento constante con la ignorancia, la frivolidad, la envidia. Ni siquiera en el Tabor falta la Cruz; uno de los evangelistas nos dice que en ese momento «hablaba con Moisés y con Elías, de lo que había de acontecer en

Jerusalén»[2]. Hablaban de su Pasión, en medio de su gloria hablaban del sacrificio. Y al fin consumó su vida con dos sacrificios, que son uno solo: el del Cenáculo y el del Calvario.

Jesús estaba enamorado de su sacrificio. Su ofrecimiento al Padre y a sus hermanos los hombres fue constante, y se inmoló de todas las maneras posibles: por fuera, las afrentas de su pasión y, por dentro, los dolores morales que tuvo que sufrir sin más testigos que su Padre celestial.

La identificación con Jesucristo que deseamos los que nos llamamos sus discípulos, pasa por querer también nosotros vivir en ese constante estado de ofrecimiento. Para la naturaleza puede resultar terrible, pero para la vida de la gracia sobrenatural se trata del ideal más precioso y atractivo.

El cristiano que entiende esta verdad y profundiza en este misterio, se da cuenta de que Nuestro Señor quiere continuar en nosotros la vida que Él llevó. Quiere que haya otras almas continuadoras de su misión.

Un sabio que ha dedicado su vida a investigar, procura buscar cooperadores científicos que continúen sus descubrimientos, aunque él muera. Y los artistas que han consagrado su vida a la realización del ideal se buscan también

---

[2] Lc 9, 31.

discípulos para crear una escuela que haga per-
durar su obra estética. Y un padre de familia dedicado a una empresa, pretende que sus hijos
continúen la obra comenzada por él.

> La Iglesia, que es el Cuerpo de Cristo, participa
> en la ofrenda de su Cabeza. Con Él, ella se ofrece
> totalmente. Se une a su intercesión ante el Padre
> por todos los hombres. En la Eucaristía, el sacrificio
> de Cristo se hace también el sacrificio de los miem-
> bros de su Cuerpo. La vida de los fieles, su alabanza,
> su sufrimiento, su oración y su trabajo se unen a los
> de Cristo y a su total ofrenda, y adquieren así un
> valor nuevo. El sacrificio de Cristo presente sobre
> el altar da a todas a las generaciones de cristianos la
> posibilidad de unirse a su ofrenda[3].

En la santa misa está encerrado todo el tesoro
de gracia que hasta aquí hemos meditado y con-
templado. Vayamos siempre con gozo a ese encuentro con Cristo resucitado, y a ese diálogo
con el Padre en el que le pedimos de todo corazón «que nos transforme en *ofrenda permanente*,
para que gocemos de tu heredad junto con tus
elegidos, con María la Virgen Madre de Dios»[4].

---

[3] Catecismo de la Iglesia Católica, n. 1368
[4] Misal Romano de la Conferencia Episcopal Mexicana, de
la Plegaria Eucarística III

ORACIONES PARA OFRECERSE A DIOS

Consagración a la Virgen María

¡Oh Señora mía, oh Madre mía!,
yo me ofrezco enteramente a Ti y,
en prueba de mi filial afecto,
te consagro en este día mis ojos,
mis oídos, mi lengua, mi corazón.
En una palabra, todo mi ser.
Ya que soy todo tuyo,
oh Madre de bondad,
guárdame y protégeme
como cosa y posesión tuya.
Amén.

Oración de san Ignacio de Loyola

Toma, Señor, y recibe toda mi libertad,
mi memoria, mi entendimiento
y toda mi voluntad;
todo mi haber y mi poseer.
Tú me lo diste, a Ti, Señor, lo retorno.
Todo es tuyo: dispón de ello según tu Voluntad.
Dame tu Amor y Gracia, que estas me bastan.
Amén.

Oración de santa Teresa de Jesús

Señor, yo te ofrezco
mi corazón, mi alma y mi vida.
Te ofrezco mis pensamientos, mis palabras
y mis acciones, para que todo lo que haga
sea para tu gloria.
Haz de mí lo que quieras,
y dame la gracia de seguirte siempre
con amor y fidelidad.
Amén.

Oración de san Charles de Foucauld

Padre, me pongo en tus manos,
haz de mí lo que quieras,
sea lo que sea, te doy las gracias.
Estoy dispuesto a todo,
lo acepto todo,
con tal que tu voluntad se cumpla en mí,
y en todas tus criaturas.
No deseo nada más, Padre.
Te confío mi alma,
te la doy con todo el amor
de que soy capaz,
porque te amo.
Y necesito darme,
ponerme en tus manos sin medida,
con una infinita confianza,
porque Tú eres mi Padre.
Amén.

BIBLIOGRAFÍA

Amado Nervo, *Una antología general*, Fondo de Cultura Económica, México, 2006.

Andrés Vázquez de Prada, *El Fundador del Opus Dei*, Tomo II, RIALP, Madrid, 2002.

Anna M. Noworol, OV, Celibat – Największy Skarb Kościoła, (El bellísimo tesoro de la Iglesia), Editorial Petrus, Cracovia, 2020.

Benedicto XVI, Homilía del Domingo de Ramos 1 de abril de 2007, en http://www.vatican.va/content/benedict-xvi/es/homilies/2007/documents/hf_ben-xvi_hom_20070401_palm-sunday.html

Benedicto XVI, Discurso del 18 de agosto de 2005 con motivo de la XX Jornada Mundial de la Juventud en Colonia, en http://www.vatican.va/content/benedict-xvi/es/speeches/2005/august/documents/hf_ben-xvi_spe_20050818_cologne-cathedral.html

Benedicto XVI, Exhortación Apostólica Postsinodal *Sacramentum Caritatis,* del 22 de febrero de 2007, en www.vatican.va/content/benedict-xvi/

es/apost_exhortations/documents/hf_ben-xvi_
exh_20070222_sacramentum-caritatis.html

Benedicto XVI, *Homilía en la vigilia pascual*, 7 de
abril de 2007, en http://w2.vatican.va/content/
benedict-xvi/es/homilies/2007/documents/hf_
ben-xvi_hom_20070407_veglia-pasquale.html

Benedicto XVI, Palabras en el *Angelus* del 27 de
junio de 2010, en http://www.vatican.va/con-
tent/benedict-xvi/es/angelus/2010/documents/
hf_ben-xvi_ang_20100627.html

Catecismo de la Iglesia Católica en http://www.
vatican.va/archive/catechism_sp/index_sp.html

Cardenal Gerhard Ludwig Müller, *Informe sobre la
esperanza. Diálogo* [con Carlos Granados], BAC
popular, Madrid, 2016.

Constitución Pastoral *Gaudium et Spes*, del
Concilio Vaticano II, en http://www.vatican.
va/archive/hist_councils/ii_vatican_council/do-
cuments/vat-ii_const_19651207_gaudium-et-
spes_sp.html

Cesare Cavallieri y Beato Álvaro del Portillo, *Entrevista sobre el Fundador del Opus Dei*, RIALP,
Madrid 1992.

Constitución Dogmática *Lumen Gentium*, del
Concilio Vaticano II, en http://www.vatican.
va/archive/hist_councils/ii_vatican_council/do-
cuments/vat-ii_const_19641121_lumen-gen-
tium_sp.html

C.S. Lewis, *El problema del dolor*, Editorial Univer-
sitaria, Santiago de Chile, 1990.

Daniel Habif, *Inquebrantables*, Editorial Harper Collins, México, 2019, p. 312-314.

Didier Van Havre, *Amar la Misa*, Editorial RIALP, Madrid, 2013.

Dominique Lapierre, *La ciudad de la alegría*, Editorial Planeta, Barcelona, 2010 (1985).

Elena Fernández, *La cosa es que es cosa suya* en https://misionerosdigitales.com/2019/01/la-cosa-es-que-es-cosa-suya

Eugene Boylan, *El amor supremo*, Editorial Rialp, Colección Patmos, Madrid, 6.ª ed., 2002.

Jacques Philippe, *Si conocieras el don de Dios*, Editorial Rialp, Madrid, 2017.

Josemaría Carabante, Alvin Plantinga, defensor del teísmo, en www.aceprensa.com/firmantes/josemaria-carabante/, 10 de septiembre de 2018.

Luz Ivonne Ream, *Vivir el desprendimiento*, en http://es.aleteia.org/2017/09/11/vivir-el-desprendimiento-nada-ni-nadie-nos-pertenece

Maestro Ekhart, *La Juventud eterna del alma*, en https://es.scribd.com/doc/6441198/Eckhart-La-Juventud-Eterna-Del-Alma

Miguel Ángel Robles, *Reza por mí*, Artículo publicado en *ABC de Sevilla* el 11 de marzo de 2018

Misal Romano, Conferencia del Episcopado Mexicano, Editorial Buena Prensa, México, 2013

Mons. Luis María Martínez, *El sacerdocio de los fieles*, Editorial La Cruz, México, 1965

Orígenes, *Homilías sobre el Génesis*, traducción y notas de José Ramón Díaz Sánchez-Cid. Madrid, Editorial Ciudad Nueva, 1999.

Papa Francisco, palabras en el *Via Crucis* de la Jornada Mundial de la Juventud en Cracovia, 29 de julio de 2017, en http://www.vatican.va/content/francesco/es/speeches/2016/july/documents/papa-francesco_20160729_polonia-via-crucis.html

Papa Francisco, Exhortación Apostólica *Gaudete et exultate*, en http://www.vatican.va/content/francesco/es/apost_exhortations/documents/papa-francesco_esortazione-ap_20180319_gaudete-et-exsultate.html

Papa Francisco, Exhortación postsinodal *Christus vivit*, en http://www.vatican.va/content/francesco/es/apost_exhortations/documents/papa-francesco_esortazione-ap_20190325_christus-vivit.html

Papa Francisco, Homilía en la canonización del Papa Paulo VI, 14 de octubre de 2018, en http://www.vatican.va/content/francesco/es/homilies/2018/documents/papa-francesco_20181014_omelia-canonizzazione.html

Papa Francisco, Discurso en Audiencia del 17 de junio de 2015, en http://www.vatican.va/content/francesco/es/audiences/2015/documents/papa-francesco_20150617_udienza-generale.html

Papa Francisco, Meditación a la segunda estación del Viacrucis presidida por el Papa Francisco, 10 de abril de 2020, en http://www.vatican.va/news_services/liturgy/2020/documents/ns_lit_doc_20200410_via-crucis-meditazioni_sp.html#II_estaci%C3%B3n

Robert Sarah con Nicolas Diat, *Se hace tarde y anochece,* Editorial Palabra, Madrid, 2018.

Robert Sarah, *La fuerza del silencio*, Editorial Palabra, Madrid, 2017.

Sagrada Biblia, *Biblia de Navarra*, Editada por MTF (Chicago) y EUNSA (Pamplona), 2012.

San Agustín, *Obras completas de San Agustín,* Tomo XIV: Tratados sobre el Evangelio de San Juan (2.ª parte): 36-124, Biblioteca de Autores Cristianos, Madrid, 2009

San Alfonso María de Ligorio, *Las glorias de María*, en https://www.corazones.org/espiritualidad/espiritualidad/lasgloriasdeMaria.pdf

San Bernardo, *Homilía sobre las excelencias de la Virgen María*, en https://mercaba.org/DOCTORES/BERNARDO/001.htm

San Ignacio de Antioquía, *Carta a los cristianos de Roma,* en https://www.corazones.org/biblia_y_liturgia/oficio_lectura/fechas/octubre_17.htm

San Ireneo de Lyon, Contra las herejías, en https://mercaba.files.wordpress.com/2007/10/contra-los-herejes.pdf

San Juan de la Cruz, *Dichos de amor y de luz*, en http://www.sanjuandelacruz.com/dichos-de-amor-y-de-luz

San Juan Pablo II, *Discurso en Estrasburgo*, 8 de octubre de 1988, en https://w2.vatican.va/content/john-paul-ii

San Juan Pablo II, Carta Apostólica *Rosarium Virginis Marie*, en http://www.vatican.va/content/

john-paul-ii/es/apost_letters/2002/documents/
hf_jp-ii_apl_20021016_rosarium-virginis-ma-
riae.html

San Juan Pablo II, Encíclica *Veritatis splendor*, en
http://www.vatican.va/content/john-paul-ii/es/
encyclicals/documents/hf_jp-ii_enc_06081993_
veritatis-splendor.html

San Josemaría Escrivá, *Obras completas*, en www.
escrivaobras.org

San Máximo Confesor, *Centuria 1*, de los capí-
tulos de las Cinco centurias, en https://www.
aciprensa.com/amp/recursos/de-los-capitulos-
de-las-cinco-centurias-de-san-maximo-confesor-
abad-1893

San Paulo VI, *Homilía pronunciada en Nazaret*,
5 de enero de 1964, en http://www.vatican.va/
content/paul-vi/es/speeches/1964/documents/
hf_p-vi_spe_19640105_nazareth.html

San Pedro Crisólogo, *Sermo* 108, del Oficio de lecturas del martes IV de Pascua, en https://www.
corazones.org/liturgia/biblia_y_liturgia/oficio_
lectura/pascua/4_martes_pascua.htm

Santa Teresa de Calcuta, en *Ven, sé mi luz*, Editorial
Planeta, Barcelona, 2008.

AGRADECIMIENTOS

Por su ejemplo, su amistad y su valiosa aportación:

Almudena García de Vinuesa
Javier y Patricia Espinoza Raynal
Mtro. Javier Garibay González
P. José Antonio Coronel Salinas
Patricia Reygadas de Raynal
Dra. Anna M. Noworol
P. Rafael Ruiz Corbella

PATMOS, LIBROS DE ESPIRITUALIDAD

Selección de títulos

10. EUGENE BOYLAN: *Dificultades en la oración mental.*

27-28. EUGENE BOYLAN: *El amor supremo.*

35. FRANCISCA JAVIERA DEL VALLE: *Decenario al Espíritu Santo.*

55. RONALD A. KNOX: *El torrente oculto.*

59. GEORGES CHEVROT: *Las Bienaventuranzas.*

60. FEDERICO SUÁREZ: *La Virgen Nuestra Señora.*

74. JEAN DE FABRÉGUES: *El santo Cura de Ars.*

100. JESÚS URTEAGA: *Dios y los hijos.*

105. JOSEPH LUCAS: *Nosotros, hijos de Dios.*

110. SALVADOR CANALS: *Ascética meditada.*

112. C. BARTHAS: *La Virgen de Fátima.*

114. RONALD A. KNOX: *Sermones pastorales.*

123. PIUS-AIMONE REGGIO: *¿Por qué la alegría?*

129. FEDERICO SUÁREZ: *El sacerdote y su ministerio.*

141. FEDERICO SUÁREZ: *La puerta angosta.*

150. FEDERICO SUÁREZ: *La paz os dejo.*

153. JESÚS URTEAGA: *Cartas a los hombres.*

154. LEO J. TRESE: *La fe explicada.*

155. SANTO TOMÁS DE AQUINO: *Escritos de catequesis.*

159. FEDERICO SUÁREZ: *La vid y los sarmientos.*

164. DOM VITAL LEHODEY: *El Santo Abandono.*

165. REGINALD GARRIGOU-LAGRANGE: *El Salvador y su amor por nosotros.*

170. FEDERICO SUÁREZ: *Después de esta vida.*

172. JESÚS URTEAGA LOIDI: *Los defectos de los santos.*

180. FEDERICO SUÁREZ: *José, esposo de María.*

183. BONAVENTURE PERQUIN, O.P.: *Abba, Padre.*

190. ANTONIO FUENTES MENDIOLA: *El sentido cristiano de la riqueza.*

191. J. A. GONZÁLEZ LOBATO: *Caminando con Jesús.*

196. ANTONIO FUENTES MENDIOLA: *La aventura divina de María.*

198. F. X. FORTÚN: *El Sagrario y el Evangelio.*

201. JOSEPH RATZINGER: *Cooperadores de la verdad.*

202. JULIO EUGUI: *Dios, desconocido y cercano.*

204. JUAN LUIS LORDA: *Para ser cristiano.*

205. MAUREEN MULLINS: *Nuestra rosa. Reflexiones sobre la vida de Nuestra Señora la Virgen María.*

206. JESÚS MARTÍNEZ GARCÍA: *Hablemos de la Fe.*

208. D. J. LALLEMENT: *Encontrar a Jesucristo.*

209. FEDERICO SUÁREZ: *La Pasión de Nuestro Señor Jesucristo.*

211. HENRI CAFFAREL: *No temas recibir a María, tu esposa.*

212. ROBERT HUGH BENSON: *La amistad de Cristo.*

213. AMBROISE GARDEIL: *El Espíritu Santo en la vida cristiana.*

214. LEO J. TRESE: *El Espíritu Santo y su tarea.*

215. MONS. JUAN LUIS CIPRIANI: *Testigos vivos de Cristo.*

216. JOSÉ MANUEL IGLESIAS: *Vida Eucarística.*

217. JACQUES PHILIPPE: *Tiempo para Dios.*

218. SCOTT HAHN: *La cena del Cordero.*

219. JOSÉ ANTONIO GALERA: *Sinceridad y fortaleza.*

220. SCOTT HAHN: *Dios te salve, Reina y Madre.*

221. JOSÉ MORALES MARTÍN: *Jesús de Nazaret.*

222. JACQUES PHILIPPE: *La libertad interior.*

223. JUAN ANTONIO GONZÁLEZ LOBATO: *Luces del Rosario.*

224. JACQUES PHILIPPE: *La paz interior.*

225. SCOTT HAHN: *Lo primero es el Amor.*

226. JACQUES PHILIPPE: *En la escuela del Espíritu Santo.*

227. JOHANNES MESSNER: *La aventura de ser cristiano.*

228. JOSÉ ORLANDIS: *La aventura de la vida eterna.*

229. JOSÉ MORALES: *El hombre nuevo.*

230. JOSÉ ORLANDIS: *Los signos de los tiempos.*

231. JOSÉ MORALES: *Madre de la Gracia.*

232. SCOTT HAHN: *Comprometidos con Dios.*

233. SCOTT HAHN: *Señor, ten piedad.*

234. MERCEDES EGUÍBAR GALARZA: *Orar con el Salmo II.*

235. JAVIER FERNÁNDEZ-PACHECO: *Amar y ser feliz.*

236. JACQUES PHILIPPE: *Llamados a la vida.*

237. PEDRO RODRÍGUEZ: *Evangelio y oración. Lectio divina.*

238. PEDRO BETETA: *Mirarán al que traspasaron.*

239. JAVIER FERNÁNDEZ-PACHECO: *La alegría interior.*

240. MICHEL ESPARZA: *Amor y autoestima.*

241. ELISABETH DE JESÚS: *La pureza de corazón.*

242. SANTO CURA DE ARS: *Amor y perdón. Homilías.*

243. JAVIER ECHEVARRÍA: *Vivir la Santa Misa.*

244. SCOTT HAHN: *Signos de vida.*

245. ALAIN QUILICI: *Encuentros con Jesús.*

246. ANTONIO OROZCO: *Aprender de María.*

247. JUAN LUIS LORDA: *La señal de la cruz.*

248. HENRY BOCALA: *Levántate y anda.*

249. SANTO CURA DE ARS: *Vida y virtud. Homilías II.*

250. MICHEL ESPARZA: *Sintonía con Cristo.*

251. JESÚS SIMÓN: *Con Jesús en el Calvario.*

252. JORGE MIRAS: *Fidelidad a Dios.*

253. J. BRIAN BRANSFIELD: *La fuente de toda santidad.*

254. JOSEF PIEPER Y HEINRICH RASKOP: *El mensaje cristiano.*

255. JUAN LUIS LORDA: *Virtudes. Experiencias humanas y cristianas.*
256. FRANCISCO FAUS: *Para estar con Dios.*
257. RAFAEL GARCÍA: *El viaje de la oración.*
258. ALFREDO ALONSO-ALLENDE: *La amistad del cristiano.*
259. ANTONIO FUENTES: *El placer de ser libre.*
260. JACQUES PHILIPPE: *La oración, camino de amor.*
261. LAWRENCE LOVASIK: *El poder oculto de la amabilidad.*
262. JAVIER ECHEVARRÍA: *Creo, creemos.*
263. SCOTT HAHN: *La alegría de Belén.*
264. SANTA TERESA DE JESÚS: *Libro de la Vida (I. Relato autobiográfico).*
265. SANTA TERESA DE JESÚS: *Libro de la Vida (II. Sobre la oración).*
266. SANTA TERESA DE JESÚS: *Camino de Perfección.*
267. SANTA TERESA DE JESÚS: *Libro de las fundaciones.*
268. SCOTT HAHN: *Ángeles y santos.*
269. JUAN LUIS LORDA: *Los diez mandamientos.*
270. LUIS M. MARTÍNEZ: *Los dones del Espíritu Santo.*
271. SAN JUAN PABLO II: *Vida de Jesús. Selección de textos.*
272. LAWRENCE G. LOVASIK: *El libro de la Eucaristía.*
273. ANTONIO SCHLATTER: *A la mesa con Dios.*
274. LAWRENCE G. LOVASIK: *El libro de la oración.*
275. JAVIER FERNÁNDEZ-PACHECO: *Retorno a Dios.*
276. JACQUES PHILIPPE: *Si conocieras el don de Dios.*
277. SCOTT HAHN: *El Credo.*
278. LUIS MARÍA MARTÍNEZ: *El Espíritu Santo y la oración.*
279. JERÓNIMO LEAL: *Los primeros cristianos en Roma.*
280. JACQUES PHILIPPE: *La felicidad donde no se espera.*
281. ALFREDO ALONSO-ALLENDE: *Creer.*
282. RICARDO SADA: *Consejos para la oración mental.*
283. FABIO ROSINI: *Solo el amor crea.*
284. SCOTT HAHN: *La cuarta copa.*
285. FABIO ROSINI: *El arte de reco menzar.*
286. ELENA ÁLVAREZ: *Las mujeres del Evangelio.*
287. JORGE ORDEIG: *La plenitud del amor.*
288. RICARDO SADA: *Consejos para vivir la Santa Misa.*
289. DAMIÁN FERNÁNDEZ PEDEMONTE: *La segunda conversión.*
290. ANTONIO MARIA SICARI: *Así mueren los santos.*
291. JESÚS HIGUERAS: *El regreso de Emaús.*
292. FULTON SHEEN: *Dios y el hombre.*
293. MICHELE DOLZ: *Retiro espiritual.*
294. JACQUES PHILIPPE: *La paternidad espiritual del sacerdote.*
295. JOSÉ MIGUEL IBÁÑEZ LANGLOIS: *La pasión de Cristo.*
296. PAUL GRAAS: *Cristianos en busca de humanidad.*
297. JUAN LUIS LORDA: *Invitación a la fe.*
298. ALBAN GOODIER: *Santos para pecadores.*
299. RICARDO SADA FERNÁNDEZ: *Consejos para el progreso espiritual.*
300. CRISTIÁN SAHLI LECAROS: *Dos regalos maravillosos.*
301. PIERRE-HERVÉ GROSJEAN: *Cómo estar preparado.*
302. BRANT PITRE: *Jesús y las raíces judías de la Eucaristía.*
303. JOSÉ MIGUEL IBÁÑEZ LANGLOIS: *La Virgen María.*
304. FULTON SHEEN: *El mundo, el alma y las cosas.*
305. THOMAS JOACHIM: *Entrar en la paz interior.*
306. BRANT PITRE: *Jesús y las raíces judías de María.*

307. RICARDO SADA: *Práctica de oración contemplativa*
308. ANDREA MARDEGAN: *El deseo ardiente de Jesús*
309. FABIO ROSINI: *San José*
310. CARLO DE MARCHI: *La vida, un tiempo para amar*
311. ALFONSO SANZ: *Viaje al corazón del Evangelio*
312. RICARDO SADA: *Orar con los sentidos*
313. CARYLL HOUSELANDER: *El junco de Dios*
314. THOMAS JOACHIM: *Bienaventurados los ambiciosos*
315. JESÚS HIGUERAS: *Para entender tu corazón*
316. DAMIÁN FERNÁNDEZ PEDEMONTE: *Invitados a un banquete*
317. SCOTT HAHN: *La esperanza de morir*
318. BRANT PITRE: *Jesús, el novio*
319. SCOTT HAHN: *Su nombre es santo*
320. RICARDO SADA: *La fe meditada*
321. Luis M.ª Martínez: *La perfecta alegría*
322. BONIFACE HICKS: *El poder oculto del silencio en la Misa*
323. SERGIO DESTITO (ED.): *Seis parábolas de Jesús*

ESTE LIBRO, PUBLICADO POR
EDICIONES RIALP, S. A.,
MANUEL URIBE, 13-15, 28033 MADRID,
SE TERMINÓ DE IMPRIMIR
EN ARTES GRÁFICAS ANZOS, S. L.,
FUENLABRADA (MADRID),
EL DÍA 18 DE MARZO DE 2025.